克而瑞地产管理者实战丛书

地产
高管情报分析兵法

克而瑞（中国）信息技术有限公司 编著

中国建筑工业出版社

图书在版编目（CIP）数据

地产高管情报分析兵法/克而瑞（中国）信息技术有限公司编著．—北京：中国建筑工业出版社，2009
（克而瑞地产管理者实战丛书）
ISBN 978-7-112-11475-7

Ⅰ.地… Ⅱ.克… Ⅲ.房地产业—企业管理—市场竞争—情报分析—研究 Ⅳ.F293.3　G353.1

中国版本图书馆CIP数据核字（2009）第188221号

　　本书是对地产企业特别重要而又经常被忽视的竞争情报所做的专项研究，内容全面覆盖了地产高管所需要掌握地产竞争情报的关键步骤和核心价值，精心提取出30余个情报类实战表格，以情报部门所需表格和情报专题类表格两种类别进行整理，为地产企业提供情报搜集的便利手段，真正做到知己知彼百战不殆。

　　为了避免图书内容的冗长和枯燥，本书在内文中设置了"情报快递"和"情报口诀"提炼内容重点，提起读者注意，并在每章后设置了"相关情报"，有效延展本章内容。

责任编辑：封　毅
责任设计：赵明霞
责任校对：陈　波　陈晶晶

克而瑞地产管理者实战丛书
地产高管情报分析兵法
克而瑞（中国）信息技术有限公司　编著

*

中国建筑工业出版社出版、发行（北京西郊百万庄）
各地新华书店、建筑书店经销
北京嘉泰利德公司制版
北京云浩印刷有限责任公司印刷

*

开本：787×1092毫米　1/16　印张：15　插页：1　字数：368千字
2009年12月第一版　2009年12月第一次印刷
定价：**68.00元**
ISBN 978-7-112-11475-7
（18743）
版权所有　翻印必究
如有印装质量问题，可寄本社退换
（邮政编码100037）

编委会

编著单位：	克而瑞（中国）信息技术有限公司
编委会主任：	周 忻　张永岳
编　　委：	丁祖昱　罗 军　张 燕　金仲敏　喻颖正
	陈小平　彭加亮　龙胜平　刘文超　于丹丹
	黄子宁　吴 洋　章伟杰　陈啸天　吴传鲲
	叶 婷　李敏珠　罗 歆　谷露蓉　汪 波
	殷冬明　刘利勇　李 琳　程 果　喻 雯
	庞 崇　武小平　徐和锋　何 明　李振宇
	孟 音　刘晓川　王志强　张译匀　陈炳祥
	邱明华　周 怡　彭傲杰　牟增彬　葛百会
	霍 宏　厉建军　刘 芳　张 勇　张旭斌
	徐凌志　胡文娟　夏 楸　金晓兵　程 瑶
	王 钢　张雪玮　孙大海　梁永光　刘晨光
	曾启飞　陈慧艳　韩 娟　张丽华　黄焱焱
主　　编：	丁祖昱
执行主编：	吴传鲲　刘丽娟　仲文佳
装帧设计：	谢小玲
美术编辑：	潘永彬
特约校审：	顾芳恒　罗克娜　李石养　李白玉
专业支持：	
网站支持：	CRIC 中国房产信息集团

情报论据 1

例证

据1995年美国北德克萨斯大学研究院的一项研究表明:重视竞争情报工作的企业,在销售、市场份额及每股平均收益等方面明显优于其他企业。

意义

良好的财务状况与企业对竞争情报工作的重视具有正相关性。

情报论据 2

例证

在移动电话发展以后，Bell Atlantic建立了很多微波站，Sprint公司也在距Bell Atlantic微波站不远的地方建立了自己的微波站。

意义

Bell Atlantic的情报人员建议本公司的决策人员以租赁微波站，而不是建设微波站的方式提供移动电话服务，结果节省了大量人力、物力和资金。

情报论据 3

例证

Ford公司的情报机构建立了一个数据库,收录了其他汽车公司生产的所有汽车模型,跟踪其他公司发动机、零配件和外型的变化。

意义

根据掌握的情报开发自己的新产品,这对企业的战略规划提供大力支持。

得道

1998年，为了出版我们的第一本书——《现代房地产经典营销全录》，我曾去过万科在深圳的总部，位于厂房的办公室不怎么起眼，可已有王者之相。那时，该公司年营业额是22.69亿元，十年后这个数据已增至386.2亿元，而管理团队的目标则是令狂如王石者亦意外的1000亿元。

我常感慨过去十年地产行业并无太大进步，比如产品创新力和营销想象力，在一路狂奔的牛市下显得可有可无。时间车轮毕竟轰轰前行，今天的地产管理者在商业模式、企业运营、产品塑造等方面已经面临着更多、更不一样的挑战。

房地产全行业专业水准，仍然相对较低，原因有四：

一，行业起步较晚；

二，过去的日子比较好过；

三，产业化程度较低；

四，萝卜快了不洗泥。

但是，地产管理者的收入，却高高在上，原因也有四：

一，行业利润率比较高；

二，管理成本在项目收入中比例较低；

三，资金密集型的房地产开发主要依赖于人，地产项目经理好比基金经理；

四，地产管理高度依赖经验，行业缺乏足够的老手。

《地产管理者实战手册》，倡导在实战中锤炼管理智慧，从同行先辈的心得教训里汲取营养。

对于管理者而言，80%的工作是可以传承优化的标准动作，10年前和10年后要做的事情并无二致。20%的工作是自选动作，例如，今天的房地产企业对于上市融资的要求，对于商业模式的创新，对于项目盈利模式的思考，都远比当年更加深刻。

与所有企业一样，对于地产公司而言，处于核心地位的也是盈利基本要素：现金、利润率、周转率、收益和增长率。玩概念，搞上市，控成本，抓销售，管团队，莫不围绕这些核心字眼展开。倘若能够在实践中，不断提升自我，并找寻到各要素之间内在的逻辑关系，进而形成独树一帜的"流派"，则可谓得道矣。

喻颖正
2009年10月8日

目录

课程1　情报功用：竞争情报成为地产企业新的竞争利器

3　　　第一节　竞争情报能够拓展企业利润空间
4　　　　　一、情报能化解企业所面临的危机
4　　　　　二、竞争情报是企业管理的必备工具
6　　　　　三、竞争情报能够为企业聚敛财富

9　　　第二节　竞争情报具有四大功能加强地产企业效能管控
10　　　　功能一：为地产企业提供外部危机环境预警
12　　　　功能二：为地产企业提供核心技术的市场跟踪
12　　　　功能三：快速抗衡主要竞争对手
13　　　　功能四：制定与实施企业主要竞争策略

15　　　第三节　竞争情报实战应用的三大技法
16　　　　技法一：确定竞争情报工作流程
17　　　　技法二：避免传统企业竞争情报体系运作薄弱的情况
18　　　　技法三：掌握规范的三大情报运行模式

课程2　搜集方法：全面掌握情报搜集和分析的主要途径

27　　　第一节　掌握搜集竞争情报两大渠道
28　　　　渠道一：五类竞争情报源

地产高管情报分析兵法

32 　　渠道二：竞争情报的三种搜集方法

34 　**第二节　建立情报信息库的三大步骤**

35 　　步骤一：对资料进行分门别类
38 　　步骤二：建立图书馆式的资料索引
41 　　步骤三：完善情报信息库的管理制度

42 　**第三节　熟练掌握情报分析的两大利器**

43 　　利器一：常用地产竞争情报的使用方法
54 　　利器二：完善地产竞争情报分析的八种方法

课程3　专题研究：分析情报搜集重要渠道——踩盘

65 　**第一节　确定踩盘的市调内容**

66 　　一、踩盘前：必做的两项基础工作
67 　　二、踩盘过程中：需要准确判断的三个信息
73 　　三、踩盘后：进行资料整理

77 　**第二节　掌握踩盘的两大技巧**

78 　　技巧一：了解踩盘的常规经验
80 　　技巧二：明确踩盘的现场行为

目录

课程4 分析类别：对企业所需各类重点情报进行研究

90　第一节　企业管理：确定分析要点，拟定分析维度

- 91　一、理清竞争对手分析的主要内容
- 91　二、确定竞争对手分析的四个维度
- 93　三、熟知竞争对手分析的两大"杀手锏"

103　第二节　宏观市场：宏观大势预判和分析

- 104　一、理清房地产市场环境调查内容
- 108　二、通晓房地产市场环境调查方法

122　第三节　竞争项目：甄选竞争对手，掌握项目信息

- 123　一、掌握竞争项目的五项分析内容
- 124　二、明确项目分析所需的调查规模
- 125　三、了解市场调查的六大步骤

136　第四节　消费者：明确调查要点，设计市调报告

- 137　一、把控消费者调查的三项要点内容
- 139　二、明晰消费者市调报告设计的两个注意事项

地产高管情报分析兵法

课程 5　组建团队：筹建情报队伍势在必行

- 153　第一节　把握设立情报部门的三个必问点
- 154　　必问点一：为什么情报部门不能高效运作
- 155　　必问点二：如何使情报部门不再形同虚设
- 157　　必问点三：为什么情报人员的工作模式不够高效

- 158　第二节　建立情报部门的三条管理规范
- 159　　第一条：核定情报部门首要职责
- 161　　第二条：设计部门组织架构，确定工作职责
- 163　　第三条：情报部门持续运作的解决方案

- 165　第三节　把握情报体系的三个管理要点
- 166　　要点一：使情报人员成为情报体系创新者
- 167　　要点二：导入竞争情报管理软件系统
- 169　　要点三：保护自己的竞争情报

课程 6　实战工具：掌握地产情报必备的实战工具箱

- 179　第一节　地产竞争情报部门常用表格
- 191　第二节　地产竞争情报专题类表格

《地产高管情报分析兵法》Chapter one 课程1

情报功用：竞争情报成为地产企业新的竞争利器

CHAPTER ONE

情报功用：竞争情报成为地产企业新的竞争利器

1. 竞争情报能够拓展企业

利润空间

在目前日益激烈的市场环境中，只有知己知彼，方能百战百胜。目前80%～90%以上的竞争信息可以通过公开渠道获得。故竞争情报可以帮助企业解决在经营过程中碰到的压力。

2. 竞争情报具有四大功能加强地产企业

效能管控

竞争情报是地产企业对内进行体制完善，对外采取竞争策略的重要渠道。竞争情报系统可以算是房地产企业的"中央情报局"，是房地产决策层的智囊团和思想库。

3. 竞争情报实战应用的

三大技法

在国内大多数企业还缺乏竞争情报工作经验和规范流程的情况下，有效开展企业竞争情报工作的方法之一就是以专业的竞争情报软件系统为平台，通过系统内嵌的规范情报流程和流转体系，协助企业构建企业竞争情报系统。

第一节
竞争情报能够拓展企业利润空间

情报快递

1. 信息情报的生产成本和传输成本极低,各种信息在企业的外部和内部大量迅速地生成;

2. 信息处理系统在整个竞争情报系统中起到了关键性的支撑作用,也是竞争情报系统发展趋势的关键衡量因素;

3. 竞争情报本身就是为企业发展服务,为了让企业更充分理解竞争情报的使用时机。

情报口诀

1. 增加利润; 2. 聚敛财富; 3. 应对危机。

· 经典语句 ·

竞争情报的管理已经成为企业各项业务流程管理中的关键一环。在财富500强中,超过90%的企业都已经建立了比较完善的竞争情报体系,专为企业各项决策提供情报支持。从而,这些著名企业才能够在激烈的市场竞争中洞察先机、招招快人一步,取得领先的竞争优势。

Chapter one
情报功用：竞争情报成为地产企业新的竞争利器

一、情报能化解企业所面临的危机

近期欧美金融危机愈演愈烈，并且呈现不断扩大的趋势，并已经影响到"新兴国家"的金融行业的稳定和投资者的信心。本次金融危机虽说是金融行业"百年一遇"的内在危机爆发，但是却源自于房地产行业。由于欧美连年的房地产泡沫的爆裂，导致"次贷危机"爆发，进而影响到投资人的信心，并反过来进一步影响房价，最终导致的金融危机不断深化。因此可以说房地产泡沫的爆裂是这次金融危机的"导火索和推手"。而反思一下可知，如果地产企业有情报预警，何至于出现如此大规模的地产危机呢？

在目前日益激烈的市场环境中，知己知彼，方能百战百胜。据世界著名竞争战略大师迈克尔·波特教授分析结果显示，目前80%～90%以上的竞争信息可以通过公开渠道获得，它可以帮助企业解决在经营过程中碰到的压力。

竞争情报本身就是为企业发展服务，为了让企业更充分理解竞争情报的使用时机，根据以往调研检验，总结出以下问题，并提出了如果企业碰到如下问题，应该采用的竞争情报。

问题一：对手为什么比我们更出色；
问题二：为什么本来销路很好的产品突然遭受政策限制而不能再大量生产；
问题三：我们的市场份额为什么突然大幅下降；
问题四：谁是我们真正的战略协作伙伴；
问题五：为了与对手争夺市场份额，我们需要推出具有什么性能的新产品；
问题六：怎样才能避免我们辛苦开发出的研究成果轻易被对手窃取；
问题七：新产品的开发尴尬在哪里；
问题八：为什么客户流失频繁；
问题九：如何开发新客户；
问题十：如何巩固已有客户；
问题十一：公司核心竞争力与竞争对手的对比情况如何；
问题十二：竞争对手的未来发展战略是什么；
问题十三：竞争对手的核心竞争力在哪；
问题十四：目前竞争对手的经营情况如何；
问题十五：行业价格体系与成本结构是怎样的；
问题十六：行业服务标准有哪些；
问题十七：其他具有威胁性的商业活动有哪些。

二、竞争情报是企业管理的必备工具

1991年冬天的一个深夜，数十架F-16战机从波斯湾的航空母舰上起飞，刺耳的警报声和呼啸的导弹声划破了夜空的宁静,海湾战争打响了。

数小时之后,在距海湾万里之外的中国四川,著名企业长虹集团的总裁倪润峰在新闻联播中得知该消息后,立刻通知采购部门大量购进聚苯乙烯。聚苯乙烯是生产电视机外壳的原材料,更是重要的石油加工副产品。倪总如此紧急地大批量采购聚苯乙烯正是因为他认为海湾战争的爆发会导致世界油桶——海湾地区的局势紧张,全球石油价格以及石油加工副产品的价格定会立刻大幅上涨。在随后的几天内,聚苯乙烯的价格果然迅速提升,而长虹因为倪总对情报的及时获取和迅速果断的决策,通过这次采购净赚了500万元!

由此可见,对于企业来说,竞争情报不仅仅是简单的几份报告、几页文字,而是可以转变为实实在在的企业收益的信息财富。

1. 信息流转态势决定企业血液循环

实际上每一个企业的发展运营过程都是由三种资源流构成的,分别是资金流、人力流和信息流,其中资金流是企业的血液和生命线,它的流转状况代表了企业业务发展和业绩发展的现状与趋势;人力流是企业的肌体,它的流转情况反映了企业哪部分力量最强大,哪部分相对薄弱;信息流则是企业的神经系统,它的流转态势决定了企业血液循环是否通畅,是否能够为肌体提供适量及时的血液,也决定了企业肌体对外界环境和内部环境的反应是否快速灵敏,能否迅速作出适当的决策和行动。

2. 竞争情报是信息流的关键组成部分

在资金流、人力流和信息流这三大资源流中,资金流和人力流是相对分隔较明显的,而信息流除了有一些单纯独立的信息流程体系外,更多的是融合贯穿在资金流和人力流之中的。竞争情报是信息流的关键组成部分,也是信息流中的核心应用部分。对于企业来说,资金流和人力流的每一个流向拐点的确定都依赖于最为基础的情报信息,情报信息的质量高低和及时与否直接决定了企业各项决策的正确和准确程度,更直接影响到资金流和人力流的流向、流量和流速,从而最终影响到企业的生存和发展。那么在一个企业的运营中,竞争情报是如何产生与分布的呢,又有哪些信息属于竞争情报的范畴呢?

根据美国竞争情报从业者协会(SCIP)的权威定义,竞争情报是对整体竞争环境和竞争对手的一个全面监测过程,通过合法手段收集和分析商业竞争中有关商业行为的优势、劣势和机会的信息。因此,在企业实际情报工作中,竞争情报绝不是竞争对手老总办公桌上的机密资料,而是以各种内部和外部公开信息为基础的,经过处理后的信息产品。

Chapter one
情报功用：竞争情报成为地产企业新的竞争利器

随着信息技术的高速发展，信息情报的生产成本和传输成本极低，各种信息在企业的外部和内部大量迅速地生成。

从基层员工的日常E-mail发送、BBS讨论到企业老总接受媒体访谈中的无意之语都富含着关于企业商业活动各方面的情报信息，而且外部信息大环境中，互联网上的大量信息资源更是发掘企业竞争情报的"金矿"。

三、竞争情报能够为企业聚敛财富

1. 上海宝钢：利用情报实现企业信息化

中国加入WTO以后，更多的企业参与到更加广泛的国际竞争中，他们更加关注国内外市场的变化和竞争对手的动态，以便制定和调整自己的战略规划和战术策略。信息时代的市场竞争中，竞争情报的作用难以估量。积极应用竞争情报系统，已成为我国政府与企事业单位日益强烈的需求和切合实际的选择。事实证明，竞争情报的理念已越来越广泛地被中国企业界接受。企业竞争情报市场发展势头日趋迅猛。

信息处理系统在整个竞争情报系统中起到了关键性的支撑作用，也是竞争情报系统发展趋势的关键衡量因素。

荣膺2003中国数据管理和内容管理应用成功企业大奖的TRS CIS，是基于TRS系统独立研发的内容管理和知识管理的核心技术，并具备自主知识产权。

上海宝钢钢材贸易有限公司作为宝钢集团最大的钢材贸易企业，依照"跻身世界500强、拥有自主知识产权和强大综合竞争力"的战略目标，矢志成为钢铁产品销售领域的市场主导者。此次通过部署TRS CIS系统，特别是采用TRS自动分类技术建立起行业知识分类体系，大大增强了企业的情报搜集、处理、分析和服务的能力。该系统整合了各独立分散的信息资源，实现了宝钢国际钢铁贸易企业范围内情报信息资源的共享，为宝钢市场调研、价格制定、营销策划、战略决策等专项研究提供了充分的情报支持，实现了企业信息化建设，特别是竞争情报系统建设方面的突破性跃进。

2. 三菱商社：利用竞争情报抢占先机

日本三菱商社在竞争情报方面投入了相当大的人力、物力、财力，这使得它具有世界一流的竞争情报收集、传递、分析、应用系统，并因为此系统而获益匪浅。每年三菱商社都会派出大量的人员奔赴世界各地,他们在别人眼中也许是普通的商人、旅游者、摄影家、工人等,但他们都是肩负着一定的使命的。他们在世界各地凭着他们对情报的直觉以及专业化的知识对各种各样的情报源进行分类分析,找出所需要的信息并及时传递给公司。

20世纪80年代,三菱商社通过分布在世界各地的情报人员得到关于欧美等国对伊朗的经济制裁和贸易禁运措施即将取消的消息。在欧美等西方国家对伊朗的经济制裁和贸易禁运取消前的一个月,三菱商社的总裁亲自带领代表团秘密出访伊朗,提出希望和伊朗在商业、工程、运输等部门进行贸易和投资合作的建议。饱受经济制裁和贸易禁运之苦的伊朗人当然十分欢迎这个上天给他们送来的"财神",在各方面都积极与三菱商社合作,在谈判中为三菱商社提供了种种优惠条件,很快就与之签订了价值几十亿美元的巨额合作合同。一个月以后,欧美等国宣布对伊朗解除贸易禁运和经济制裁的时候,日本已经对外公布了他们的合作合同,这让世界着实大吃一惊,其他各国商界人士只能自叹不如。这使人们领教了日本人在竞争情报工作方面的敏感度,也提醒各位商界人士切莫忘记对竞争情报的收集和使用。

3. 麦当劳:借助竞争情报进行领土扩张的三个手段

1990年,麦当劳在深圳开了第一家"麦当劳快餐店",到如今麦当劳在中国开了560多家快餐店。作为连锁快餐业巨头,它是如何来对它庞大的"帝国"进行控制和管理的呢?这其中竞争情报体系功不可没。

手段一:调整战略,股价跌后又涨

对于快餐巨头麦当劳来说,2002年是不幸的一年,由于快速扩张,它出现了37年来的首次亏损,2002年麦当劳第四季度季报一出,12月2日的股价立即下挫至15.39美元。麦当劳利用手中掌握的竞争情报信息,立即关闭170多家快餐店,几乎退出了消费能力较弱的南美市场,将发展重点集中到中国等经济发展迅速的国家。经过一年的战略调整,2003年12月2日,麦当劳的股价创下新高,达到26.35美元。

手段二:多种渠道搜集市场竞争情报

在过去没有专门信息系统的时候,麦当劳就积极利用各种手段收集与市场竞争相关的信息,例如全球媒体对麦当劳的正面或非正面的报道,竞争对手肯德基的相关信息,饮食业和快餐业的相关政策法规以及一些主管机构的动态,合作伙伴可口可乐和雀巢咖啡等相关方面的信息,这些工作为麦当劳作出正确的经营决策奠定了基础。为了搜集众多有效信息,麦当劳的市场工作人员就必须经常浏览不同的网站,每天重复上百遍地查询,并且还要不停地订阅报纸,购买简报公司的简报,购买调查公司的调查情报,搜集行业政策法规。

手段三:充分利用365Agent竞争情报监测系统

麦当劳积极关注市场的变化和技术的革新。21世纪初,我国国内最大的域名和虚拟主机服务商——中国万网的前CEO张向宁发现了竞争情报领域蕴含的巨大商机,率先成立了365Agent竞争情报中心,研

Chapter one
情报功用：竞争情报成为地产企业新的竞争利器

发出了基于互联网的竞争情报监测系统，为国内外的各类企业提供专业竞争情报服务。该服务一推出，麦当劳迅速作出反应，率先采用365Agent的系统监测服务，提高了公司情报的搜集效率，提高了情报的质量，与此同时把原来陷于繁琐情报工作的情报人员解放出来，提高了员工的使用效率。

麦当劳的市场工作人员充分利用365Agent竞争情报监测系统，根据公司的需要，订制自己需要监测的方方面面的关键词。365Agent情报监测系统，就是从全球8000多个中英文门户、新闻网站、电视、报纸等媒体网站，政府、信息中心、数据库等站点实时抓取订制信息，经过系统分析匹配之后，及时发送到用户的E-mail信箱中。用户也可以随时登陆365Agent的系统，实时查看自己订制的信息。

这个企业竞争情报系统使公司在管理和决策方面有了明确的依据。通过该情报系统，麦当劳公司的各管理层能够掌握自己需要了解的信息，使决策更加具有合理性，也使公司能够更好地控制它在世界上成千上万的连锁店。

4. 卡西欧：积极收集情报作为其经营之道

除了少数独占性企业以外，大多数企业都必须面临日益激烈的竞争。在面临日益复杂的竞争局面时，如何生存下来且得到进一步的发展和扩张呢？根据以下五条原则，卡西欧公司积极收集相关方面的情报，保证企业在市场竞争中具有强大优势。

卡西欧遵循的五条原则：
原则一：要知道谁是我的顾客；
原则二：要知道顾客想要的产品是什么；
原则三：要知道顾客需要的量是多少；
原则四：要用最快的速度来生产适量的产品或提供服务；
原则五：要用物超所值的价格销售。

5. 日本汽车：借助情报研究进入美国市场

美国是世界上最大的经济体，它的大多数产业在世界上都处于一个相对领先的地位，尤其是汽车产业。20世纪70~80年代，日本汽车开始源源不断地开进美国，这使得美国大量的汽车产业工人失业，引起了美国汽车业界的恐慌。这种局面的形成也是与日本方面的情报研究分不开的。

当时，从表面上看，外国厂商的汽车在强大的美国汽车企业面前难有作为，但日本制造商通过本国的情报研究机构对美国的汽车进行了深入的分析，得出一个重要的结论：美国汽车的优势在于豪华气派、性能优越，但也存在致命的弱点，就是价格高、油耗大。日本人看准了美国车的这个弱点，并且结合当时由于国际石油供应紧张而造成的油价上涨的局面很快设计出外形美观、油耗小、价格低的汽车，投放到美国市场。结果这类汽车非常受美国中下层消费者的欢迎，销路激增，终于在美国汽车市场占据了一席之地。

第二节
竞争情报具有四大功能加强地产企业效能管控

情报快递

1. 在剖析了这些风险的基础上,需要构建有效的企业外部环境预警管理机制,为企业防范外部环境风险提供一套新的运行机制;

2. 预控对策活动目标,是实现对各种不利外部环境变化的早期预防与控制;

3. 有效地搜集地产情报,并对它做出敏锐的反应,能够保持企业的优胜地位;

4. 房地产竞争情报体系通过对影响企业发展的相关技术发展动向的跟踪分析,可以及时发现新技术对企业现有产品的影响,对企业竞争力和竞争优势的影响。

情报口诀

1. 日常监控;2. 危机管理;3. 市场攻击;4. 策略制定。

经典语句

系统可以算是房地产企业的"中央情报局",是房地产决策层的"智囊团"和"思想库"。具体来说,房地产企业竞争情报体系的基本功能可归纳为四个方面。

Chapter one
情报功用：竞争情报成为地产企业新的竞争利器

房地产行业虽说是属于第三产业，但是却是属于"资金密集型"行业，和金融行业密不可分、共生共荣。从2005～2007年的"流动性过剩"可以看出，信贷在房地产行业的过度发放、外行业及股市融资大量进入房地产行业、外资过多资本介入房地产行业、银行给买房人的过度放贷，都对整个房地产行业的过度发展起到主要的"推波助澜"作用。

功能一：为地产企业提供外部危机环境预警

外部环境是企业生存的基础，企业的外部环境变化对于企业蕴意着越来越多的风险，它包括自然风险、政治风险、政策风险、市场风险等。在剖析了这些风险的基础上，需要构建有效的企业外部环境预警管理机制，为企业防范外部环境风险提供一套新的运行机制。

1. 竞争情报可以促使企业建立抗风险有效机制

从一般意义上来说，房地产金融通常被认为是安全性较高的信贷业务。但是，由于房地产金融是一种专业性很强的金融服务项目，需要协调好资金来源少与资金投放量大、资金来源分散与资金投放集中以及资金来源短期性与资金运用长期性之间的矛盾。一旦矛盾处理不当，便会引起严重的金融风险甚至金融动荡。

房地产金融风险的种类比较多，我国当前所研究的房地产金融风险，重点在于社会风险和经营风险。目前我国市场的竞争体制不规范，房地产市场发育还不完善，使得房地产开发企业的生产经营风险加大，而企业的风险最终会转嫁到银行身上。同时，房地产市场的变化也使得银行对未来的不确定因素难以掌握，从而加大经营决策失误的可能，造成风险。

由于企业外部环境风险的客观性，在企业内部需要建立一套应对企业外部环境变化风险的竞争情报体系，从而评估外部环境，再根据外部环境的变化来预测其对企业的影响，明确企业面临或可能面临的不利环境变动，然后采取有效对策，保持企业在变化的环境中能够不断发展。

企业的竞争情报体系可以分为外部环境预警与内部预控对策两大任务体系。外部环境预警，是对企业外部环境风险的识别、分析与评价，并由此作出警示的管理活动；内部预控对测，是根据预警分析的活动结果，及时矫正与控制企业内部管理及营销推广活动，采取有效举措来迎接外部环境的变化。这样就可以建立防范企业外部环境风险的有效机制，使企业早做准备，防范风险。

（1）外部环境预警的三个分析阶段

外部环境预警的分析阶段：监测、识别与诊断。

阶段一：监测。监测是开展预警预控活动的基础，即通过对企业外部风险监测对象的监测来察觉企业所处外部环境的状态。

阶段二：识别。通过对外部环境变化监测状况的辨识，准确察觉哪一些外部环境的变化对企业有害，哪一些外部环境的变化是企业的机遇。通过识别，判断外部环境的有利变化和不利变化，为企业诊断提供预先对策。

阶段三：诊断。分析外部环境的变化对企业生产经营的影响，并提供企业应对的策略。

监测、识别与诊断这三个环节的预警活动，是具有前后顺序的因果关系。监测活动是预警系统活动开展的前提，没有明确和准确的监测信息，开展后两个环节的活动就是盲目的；识别活动是至关重要的环节，它对外部环境的判别，使企业能在繁杂多变的环境中确立预警工作重点；也使诊断活动有明确的目标；而诊断活动使企业采取预控对策有了科学的判识依据。

（2）内部预控对策的三个活动阶段

内部预控对策活动的目标，是实现对各种不利外部环境变化的早期预防与控制，它包括组织准备、日常监控、危机管理三个活动阶段。

组织准备	日常监控	危机管理
组织准备指为开展预控对策行动而组织的保障活动，是预警预控活动得以连续进行的保证，它包括制定对策与实施活动的制度、标准、规章。目的在于为预控对策活动提供有保障的组织环境	日常监控有两个主要任务：一是日常对策，二是危机模拟。日常对策：通过诊断后，对外部不良环境采取有效的措施，以使企业不断适应外部环境；危机模拟：对日常对策活动中难以有效控制的，而企业又可能发生的外部环境打击进行假设与模拟的活动	危机管理指日常监控活动无法有效扭转环境变化，企业陷入危机状态时采取的一种特别管理活动。危机管理是一种"例外"性质的管理，即只有在特殊境况下才采用的特别管理方式，以特别的危机计划、领导小组、应急措施介入企业领导活动的管理过程

2. 竞争情报促使企业寻求新的发展机遇

（1）竞争情报使企业第一时间对市场变化作出反应

企业的竞争环境可以分为宏观环境和行业环境两部分：宏观环境包括政治因素、经济因素、社会因素、文化因素等；行业环境包括现有项目竞争状况、客户需求状况、潜在竞争对手（待开发项目）、替代产品或服务等。对房地产企业来说，竞争环境的任何变化，都可以对企业的利益乃至生存产生重大影响。如果能阅读早期的预警信号，发现并预知这些可能的变化，就可以预先采取相应的措施，避开威胁，寻求新的发展机遇。

（2）竞争情报快速扭转企业乾坤

有效地搜集地产情报，并对它作出敏锐的反应，能够保持企业的优胜地位。

Chapter one
情报功用：竞争情报成为地产企业新的竞争利器

比如由海投集团投资开发的北京华澳中心项目，在立项时规划为写字楼，但是项目还没有推向市场，亚洲金融危机就爆发了，北京的写字楼市场转入低迷，进入萧条期。海投集团搜集市场情报，针对这一状况，迅速做出反应，将华澳中心的规划改为高档外销公寓，该项目开盘后取得了不俗的销售业绩，并成为1998年北京房地产市场中的佼佼者。

功能二：为地产企业提供核心技术的市场跟踪

1. 地产信息技术需要竞争情报体系的跟踪

建筑设计的新方法、建筑施工的新技术和建筑材料的新发明，都是房地产行业技术跟踪的内容。房地产竞争情报体系通过对影响企业发展的相关技术发展动向的跟踪分析，可以及时发现新技术对企业现有产品的影响，对企业竞争力和竞争优势的影响。例如，建筑设计的新方法和建筑材料的新发明可以使企业推出更新换代的产品，建筑施工的新技术可以提高工作效率，降低施工成本。

2. 促进企业改善自身信息弱势

房地产行业的竞争状况远不如其他行业（如家电、服装业等）激烈。竞争情报活动也处于初级阶段，所以必然存在着许多问题，主要表现为两点：

一是房地产开发企业的高层管理人员对竞争情报缺乏足够的重视，到目前为止还没有房地产企业建立专业的竞争情报体系；

二是房地产竞争情报的分析技术很弱，信息没有转化成情报，对企业决策支持的实用性差。

功能三：快速抗衡主要竞争对手

1. 快速对竞争对手战略变化作出反应

竞争对手是企业经营行为最直接的影响者，这种直接的影响因素决定了对竞争对手的分析在外部环境分析中的重要性。

第二节 竞争情报具有四大功能加强地产企业效能管控

分析竞争对手的目的是要了解每个竞争对手所可能采取战略行动的实质和成功的希望，各竞争对手对其他公司的战略行动可能作出的反应，各竞争对手可能发生的产业变迁和环境的大范围变化可能作出的反应等。

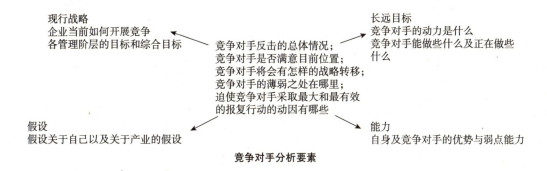

竞争对手分析要素

2. 企业有效应对竞争对手

事实上，从管理学的角度来看，项目的竞争也就是企业运作的竞争。对房地产行业而言，分析竞争对手的目的，是要了解竞争对手的企业发展战略和项目营销战略，把握竞争对手在参与市场竞争中可能采取的战略计划和战术行动，洞察竞争对手对其他公司或项目的竞争行为可能作出的反应，从而制定企业自己的竞争策略。

从实际经验来看，房地产竞争对手情报的研究内容很多，主要包括竞争对手的基本情况、销售策略、价格策略、广告投入、开发生产能力、资金实力、企业的组织结构、薪酬体系、负责人背景等因素。企业对竞争对手情报掌握得越充分，在市场竞争中就越能占据主动地位。

功能四：制定与实施企业主要竞争策略

1. 用竞争策略打造企业绝对优势

信息是核心竞争力的基础，根据信息可以判断企业的核心竞争力，然后才能制定出竞争策略并凸现优势。信息不是无穷无尽的，必须集中、有效和弹性地利用。第一，信息要集中在主推产品上；第二，市场要有效地分割；第三，策略要视情况而定。

2. 让竞争策略为企业利润服务

企业都应认真研究周围市场营销环境，结合自身的实力和特点，选择适合本企业的竞争策略。只有如此，才能在千变万化的市场大潮中，捕捉住转瞬即逝的市场机会，才能在激烈的市场竞争中建立

Chapter one
情报功用：竞争情报成为地产企业新的竞争利器

相对突出的竞争优势，从而立于不败之地，并在此基础上循序渐进、积蓄力量，逐步发展壮大，最终取得成功。

3. 让企业决策有充分的市场依据

房地产企业的竞争行为有两种存在形式：一种是只针对一个楼盘开发的项目公司，其竞争行为存在于单一的地域内，是单一的市场细分行为；另一种是开发多个项目、多种产品的集团公司，其竞争行为存在于不同的地域、不同的市场层面中。不论何种竞争行为，在制定竞争策略时都必须以竞争情报为依据，通过对竞争环境、竞争对手、市场需求、战略伙伴和企业内部的原始信息搜集，运用科学的分析方法，将其转化为准确实用的战略情报。

第三节
竞争情报实战应用的三大技法

情报快递

1. 明确企业用户需求，即竞争情报人员应该明确用户提出的问题和信息的需求，它是整个流程的中心环节；
2. 规范企业的竞争情报流程，构建易用、高效的企业竞争情报体系是企业应对无处不在的竞争的必要手段；
3. 情报为企业贡献的价值和效益完全是不可预测和控制的，这就造成企业对外部环境的变化态势和自身内部的丰富情报资源都不能有效地掌控，最终直接影响到企业的发展策略和执行方法。

情报口诀

1. 危机预警；2. 市场跟踪；3. 对手对抗；4. 策略选择。

· 经典语句·

从我国很多企业的实际状况看，竞争情报的效果往往不如理论书籍或者别人所说的那样显著和有效。所以，规范企业的竞争情报流程，构建易用、高效的企业竞争情报体系就成为企业应对无处不在的竞争的必要手段。

Chapter one
情报功用：竞争情报成为地产企业新的竞争利器

技法一：确定竞争情报工作流程

1. 竞争情报工作流程包含五个环节

竞争情报更强调"活动"，国外将其称为"生产流程"，这个流程包括五个环节。事实上，这个流程是一个循环的过程，也可以称之为竞争情报循环或者周期。

工作流程的五个环节

五个环节	具体内容
情报需求	情报人员要经常与管理人员进行沟通，了解他们到底需要和使用什么情报，这一过程应该是一个了解、再了解的过程。同时还要注意，处理战略问题的高层管理者与处于战术层管理者的情报需求存在本质的差别，需要区别对待
情报采集	企业竞争情报主要可通过两个渠道采集：一是通过信息系统和二次文献获得第二手信息；二是通过与竞争对手、供应商和客户的直接交流，通过人际网络与销售人员、研发人员直接交流获得一手信息
情报分析	采集到的数据和信息必须经过分析研究才会成为有用的竞争情报。竞争情报人员只有提供分析性的情报，才能真正受到重视和尊敬，获得应有的地位
情报服务	为管理者提供具有建设性的意见和可付诸实施的方案
情报反馈	竞争情报人员就其所提供的情报服务征求用户的反馈意见、组织专家验收，以便修正竞争情报工作的目标和工作方式，制定并实施改进措施，以保证成果的质量，使其发挥更佳的作用

2. 竞争情报工作流程包含十大步骤

上述竞争情报循环的五个环节又可分为十个步骤：

步骤一：明确企业用户需求

明确企业用户需求，即竞争情报人员应该明确用户提出的问题和信息的需求，它是整个流程的中心环节。

步骤二：制定信息搜集策略

制定信息搜集策略即明确信息搜集的来源，明确信息搜集的方法、手段和目标。信息的搜集是为企业竞争战略服务的，因此应该在这个前提下明确搜集的目标信息究竟是什么，怎么样达到这个目标。

步骤三：信息搜集

获取充分的数据、资料，并保证信息搜集的结果与实际需求相符合。方法包括从本企业内部获取竞争情报；从与竞争对手的信息交流中获取竞争情报；从公开出版物中获得竞争情报；从商情数据库中获得竞争情报等。

步骤四：信息处理

信息处理是对信息的结果进一步筛选。这一环节还包括资料的翻译和萃取，以保证其及时性、准确性和完整性。竞争环境是随时发生变化的，过时的信息对企业而言没有任何价值，有时甚至会发生有害的作用。对信息准确性的要求也是不可忽视的，需要采取各种方法来保证，例如对信息渠道进行评价，对信息进行核实，对多种不同渠道的信息进行对比等。

步骤五：信息分析与整合

这是整个竞争情报生产流程的核心，包括对信息的解释与分析、组织与综合。目前已经出现了多种多样的分析研究方法。

步骤六：竞争情报的分类和归档

竞争情报的分类和归档，即对获得的竞争情报进行有序化处理。目前已有手工和自动化两种方法，可以互相结合。

步骤七：形成情报产品

其主要目的是为正式产品的形成做准备。方法是传播竞争情报，并利用模拟企业对抗的方式测试情报的可靠性。例如有的企业会采用虚拟市场营销战略测试情报的可靠性与实际价值。

步骤八：提交情报产品

通常采用书面报告、口头报告、录像带、录音带等形式提交情报产品，其目的是吸引用户的注意力，使其意识到竞争情报的价值。

步骤九：用户反馈

这是竞争情报生产流程中的目标环节，用户反馈影响着竞争情报流程。用户反馈一方面可以视为对提供的竞争情报产品是否有用、有效的评价；另一方面可以作为改进工作的依据。

步骤十：竞争情报的实施

这一环节是在战略或战术决策阶段实现的，即在竞争情报的参与影响下，进一步优化决策活动。在这一阶段，竞争情报影响企业的竞争战略、决策行为和企业的发展方向。

技法二：避免传统企业竞争情报体系运作薄弱的情况

我们国内的大多数企业在竞争情报工作中，一方面是因为意识还不足，还没有深刻理解信息时代中

Chapter one
情报功用：竞争情报成为地产企业新的竞争利器

情报信息对于企业发展的重大作用；另一方面，是因为整个企业环境中都不熟悉竞争情报工作的规范流程和管理方法，企业虽然具有较高的竞争情报意识，也愿意进行系统的情报管理，但是没有合适的方法和工具能够让企业方便地对充斥在企业内外大量繁杂的情报信息进行有效管理和利用。

1. 使竞争情报传送渠道规范化、制度化

在我国的企业中，竞争情报工作往往是通过这样的流程进行的：首先是各个业务部门在日常工作中主动或被动地获取到各种情报信息，然后情报信息的接收者根据自身的经验和知识来判断这些情报信息是否重要，是否有价值，能否对自己或相关人员的决策提供支持，再通过口口相传、E-mail、IM、文本等传统信息渠道点对点地传递给相关人员；而这些情报信息一旦被传递出去后，传递者和接收者都很少再就这些情报效果、应用情况等进行更多的沟通和反馈交流。

可以看到，整个企业竞争情报流程中，情报的获取、加工和流转、利用都是非标准、不规范、无组织、无流程、零散和随机的，完全依靠人员个人的素质和能力，甚至于受到员工级别的制约。比如在大中型企业中，基层员工获取到的情报往往是没有直接的途径传递给决策者的，这些情报因此或被遗弃、或因为传递节点过多而延误了情报的时效性，使情报被传递给决策者时已经成为了历史信息，而没有任何情报价值了。竞争情报的全面性、及时性、有效性、质量和价值等都充满了不确定性，企业决策能否利用这些情报、怎样利用这些情报、情报为企业决策提供的支持力度也都是未知的，情报为企业贡献的价值和效益也就完全是不可预测和控制的，这就造成企业对外部环境的变化态势和自身内部的丰富情报资源都不能有效地掌控，最终直接影响到企业的发展策略和执行方法。

2. 企业建立足够规范的竞争情报管理流程

从我国很多企业的实际状况看，竞争情报的效果往往不如理论书籍或者别人所说的那样显著和有效。这并不是因为情报自身的价值不高，更多是由于企业没有足够规范的竞争情报管理流程，缺乏行之有效的企业竞争情报体系，导致大量高价值的情报无法有效传递给需要的人员，情报无法对企业决策起到应有的支持作用，竞争情报的价值和为企业创造的效益也就无从体现。

所以，规范企业的竞争情报流程，构建适用、高效的企业竞争情报体系就成为了企业应对无处不在的竞争的必要手段。

技法三：掌握规范的三大情报运行模式

在国内企业多数还缺乏竞争情报工作经验和规范流程的情况下，有效开展企业竞争情报工作的方法之一就是以专业的竞争情报软件系统为平台，通过系统内嵌的规范情报流程和流转体系，协助企业构建起适合自己实际应用环境的高效的企业竞争情报体系，为企业在激烈的市场竞争中增添制胜的绝密武器！

第三节 竞争情报实战应用的三大技法

简单说来,规范的企业竞争情报工作首先要求的是符合企业实际情况的流程体系。在企业竞争情报工作架构中,一般可分为三种典型的运行模式。

模式一:分散运行模式

分散运行模式,即企业中没有集中管理竞争情报的组织机构,而是各个部门分别负责自己的情报工作,由部门的负责人向企业副总级别以上决策者自行汇报。

1. 分散运行模式保证每个环节的可控性

在分布型组织中,负责竞争情报工作的专人就是各个业务部门的具体员工,他们应作为所在部门的专职情报人员负责该部门的全部情报工作和流程管理。部门的其他员工对情报的需求和反馈都是通过该专职情报人员进行,对部门内统一接口。而对其他部门的员工或者企业高层决策者的竞争情报需求和反馈,则可根据企业和部门的实际情况,让该专职情报人员统一负责,或者让部门负责人作为对外统一接口进行协调传递。

2. 分散运行模式适合于开发单一楼盘的地产企业

分散运行模式是以现有的职能部门为依托,每一个职能部门既是管理工作机构,又是竞争情报系统中的一个子系统,它们分别负责在本职能部门所接触的环境中收集相关信息,并将其传递到企业负责情报分析的管理者手中。负责情报分析的管理者对各子系统传递过来的各类信息进行加工、处理、分析,转化为情报产品,然后传递到决策层,供决策者使用。所以,这种运行模式比较适合于开发单一楼盘的项目公司。

房地产项目公司的竞争范围较小,竞争对手也相对较少,因此对竞争情报体系要求设计简单、实用性强、管理方便且运行成本低。分散运行模式恰恰符合房地产项目公司的要求。

模式二:集中运行模式

集中运行模式,即企业专门有一个竞争情报部门总负责该项工作,如企业中的战略部、总裁办公室、信息中心等。这些部门统一管理企业各部门或企业整体的情报工作和流程控制,直接向企业副总以上级别决策者汇报。

Chapter one
情报功用：竞争情报成为地产企业新的竞争利器

1. 集中运作模式能调动团队工作热情

一个团队的工作重心在很大程度上依赖于团队对工作背景的理解。当团队理解了其工作背景，他们就能够确定其工作重心。集中的管理运行模式能够更好地让员工理解其工作的用意。

当企业中采用以搜集和整理情报信息为专项任务的复合团队时，这些团队需要相互作用、相互配合，当这个团队学会有效地相互促进时，他们将逐渐成为组织活力的源泉，他们快节奏的行动赋予这个团队甚至企业以柔性和敏捷性。

2. 集中运作模式便于情报统一管理和使用

对于大型房地产集团公司，由于企业同时开发不同类型的项目，就会出现多点竞争的状况，分散运行模式就远远不能满足企业的情报需求。

在集中运行模式中，负责企业竞争情报工作的专员就是企业竞争情报部门的员工，他们作为专职专岗的情报工作人员负责协调管理整个企业的竞争情报流程体系。在每个业务部门设置兼职的情报工作人员负责该部门的相关情报工作。这样规范之后，企业中的竞争情报传递都是通过统一的竞争情报部门和负责人员进行，而其他需要情报的人员就可以从一个统一的接口中获得所需要的各种情报，并将这些情报的效果和使用后的反馈同样通过这个统一接口传回竞争情报系统，以供情报工作人员制定和调整下一步的情报工作计划和规划，进一步提高情报工作的效率和质量。

模式三：重点运行模式

1. 根据企业自身特征选择重点运行模式

房地产代理公司的主要业务是代理销售，企业职能部门少。房地产代理公司的情报工作是以销售为工作重心，因此不适合采用分散运行模式和集中运行模式，更适于采用重点运行模式。

2. 重点运行模式适合于房地产代理公司

在重点运行模式中，代理公司将具有较强的情报收集和分析特色的销售部作为竞争情报系统的核心，因为销售人员与市场联系最紧密，经常与客户接触，往往能掌握大量的第一手资料。重点运行模式的特点是充分发挥了现有职能部门的情报功能作用，将其本职工作与情报工作融为一体，并通过职能部门的运作带动情报工作。

虽然规范的企业竞争情报工作流程说起来比较简单，但是在企业的实际操作中还是有相当的难度。正如前面说过的，信息流作为和资金流、人力流并行的三大企业资源流之一，在企业中涉及的部门、人员、规章制度众多，所以在企业并不具有较好的竞争情报流程，或不具有一定的情报管理基础制度的条件下，要想将流经整个企业各部门和员工的信息流有效、高效地管理起来，并疏理通畅，其难度可想而知。因此，如果可以利用现成的工具辅助企业构建规范的竞争情报管理流程，将能够极大地帮助缺乏或者没有竞争情报工作流程和规范的企业构建起适合企业使用的、实用的企业竞争情报体系。

　　据了解，由于国外企业自身情报工作流程和体系已经较为规范成熟，因此国外的竞争情报软件已经细分为侧重情报工作不同部分环节的应用软件（如单独的信息采集、报告管理等）而没有一个整体性的、符合国内企业应用实际环境的全面管理企业竞争情报生命周期各环节的软件系统。财经媒体《21世纪经济报道》在2003年8月份的一期企业竞争情报专题上曾经专文讲述了海尔和娃哈哈集团都应用了国内的百度eCIS系统，该软件系统为海尔和娃哈哈集团构建起了适合其企业实际应用的竞争情报体系，该系统在报道中被誉为企业的绝密武器，颇受肯定和好评。

Chapter one
情报功用：竞争情报成为地产企业新的竞争利器 >>

相关情报

情报观点
竞争情报已成为继产品、营销、服务之后企业的第四核心竞争力。

情报运用
激烈的市场竞争要求企业必须在第一时间对竞争形势作出最准确的判断，这是企业制定战略的基础，也是竞争情报分析所要关注和解决的问题。

超级链接
要想了解更多房地产前沿资讯，获得更多项目管理信息，那么就赶快配置一把财富金钥匙。
网址：dichan.sina.com.cn 邮箱：winfangbook@winfang.com 电话：020-61073242

竞争情报分析

——企业决策 辅之有道

在风云变幻的商场上，情报正被赋予新的意义和价值。IBM凭借用于监测竞争对手的"领航员计划"而重振雄风；AMD针对对手所做的宣传箴言使之成为英特尔的强劲对手；微软的竞争情报系统为其贡献17%的利润增长率。据调查，世界500强中90%以上的企业建立了竞争情报系统。在国内，娃哈哈注重竞争对手细节的跟随策略，曾使其在饮料市场胜出百事可乐；海尔凭借完善自身的竞争情报系统，从容不迫地应对家电反倾销。这些成功案例无不证明——竞争情报已成为继产品、营销、服务之后企业的第四核心竞争力。

——如何通过知己知彼战胜对手而独领风骚？
——如何在风云变幻的市场中相机而动？
——如何未雨绸缪地决胜千里？
——如何取长补短地进行定标比超？
——如何在博弈中实现共赢？

激烈的市场竞争要求企业必须在第一时间对竞争形势作出最准确的判断，这是企业制定战略的基础，也是竞争情报分析所要关注和解决的问题。那么,企业如何运用竞争情报分析?

1. 为什么要进行竞争情报分析

互联网时代,信息传播范围之广、内容之繁杂已经超过了人的生理功能所能容纳的范畴。全球竞争日趋激烈的今天,企业如何避免在海量信息面前手足无措?在这样广泛的国际竞争中,如何对公开信息收集分类并进行加工处理,及时将有效信息传递给相关层级的管理者,已经成为影响企业迅速决策的关键。企业的这种新需求促成新的专业化分工——情报分析的产生。

信息时代,面对信息爆炸和信息超载,企业没有时间和精力了解、处理庞大的信息资源,这使企业决策无依无靠。如果出现对企业不利的信息,而企业无法及时处理、把控,就会严重影响产品销量,损坏企业的美誉度,给企业带来灾难性的影响;时刻监控竞争对手和竞争环境可以避免企业成为"温水青蛙",使企业保持警觉性和敏感度,帮助企业防范市场风险;企业也可以根据竞争对手和市场变化情况及时调整对策和预测可能出现的市场机会,抢占先机。

2. 如何进行竞争情报分析

企业在进行竞争情报收集前要明确情报分析的服务对象及其竞争对手,那么企业如何来识别竞争对手?"横看成岭侧成峰",不同行业、企业、部门的人对竞争的认识程度不同、角度不同,着眼点也就不同。例如联想PC过去将方正、同方视为竞争对手,现在则更多地关注戴尔、HP;再如,就联想所关注的教育市场而言,从整个国内来看,其竞争对手可能是同方和方正,若缩小到广州的教育市场,七喜可能就是联想的主要对手。

竞争情报分析应该分为战略层面和战术层面:战略层面是从宏观上关注整个行业、行业内大企业行为及其影响、国民经济运营状况、收入消费水平甚至新技术趋势、行业间的融合等。战术层面则是从微观角度考虑,比如企业是否要推出新产品,新产品如何推广,老产品如何继续与对手竞争以及涉及产品竞争的相关内容(如产品的价格、促销活动、质量、售后服务等),即产品和市场层面的竞争;就更微观层面分析,可以考虑如何争取客户和获取客户的信任等。

3. 竞争情报分析在企业与咨询公司间的分工

原则上,情报分析的一般性方法是共通的,而竞争情报应由谁来做,这就像有米和水谁都会做饭,但关键是谁做得好是一样的道理。企业虽然有自己的情报部门,但侧重点不同,一般来说,企业集中精力整合内部情报,而外部情报借助咨询公司的多一些。

一些咨询公司在竞争情报分析领域较企业更有优势:

首先,竞争情报分析的核心在于人对信息的理解和分析、判断,目前情报分析的专业人士奇缺,情报分析师大多集中在专业的咨询公司,企业中这类综合性人才很少。

其次,情报分析人员须具备专业知识,而咨询公司有人力资源优势。分析师在为企业分析过程中积累了丰富的经验,建立了自己的模型和方法论。

再者,专业的咨询公司覆盖多个领域,能在更高层次上把握整个市场的竞争态势。

另外,咨询公司有自己的数据库和观点库,可以用于情报分析。由于《反不正当竞争法》等法规的约

Chapter one
情报功用：竞争情报成为地产企业新的竞争利器

束，企业不方便直接收集竞争对手情报，同时，企业收集的成本也太高；咨询公司则可以通过访问、交流、数据库、专业的行业经验来为企业提供决策所需的情报。

最后，咨询公司可以站在第三者角度更客观地看待问题。这也是IBM、中国移动等知名企业在有自己的情报分析部门的情况下，也需借助咨询公司的重要原因。

一般来说，情报产品虽然是有共性，但更有差异性，即个性。要想解决咨询公司提供的信息产品与企业所需不符的问题，一般咨询公司会提供独家定制和专项调研等情报产品。不管是由企业来做，还是借助咨询公司提供的产业信息快讯、定制信息跟踪、专项调研等情报产品，目的都是以客户需求为导向来为企业服务，帮助企业规避风险。

4. 竞争情报分析——企业延年益寿的保健品

摩托罗拉首席执行官R.W.Golvin曾说过，如果我们不能在所有信息中找到一个开展工作的平衡点，我们将根本无法进行战略性思维；如果没有有效的信息、正确的分析和准确的预测，我们就根本无法制定出好的企业战略。

据调查，90%以上的跨国企业都有自己的情报分析系统或借助于咨询公司来监测竞争对手，通过分析竞争环境来确定其未来的发展战略。可见，将情报与战略结合在一起是至关重要的。在国内，很多企业由于忽略了分析竞争对手而采取了不正确的进攻性策略，最终陷入困境甚至失败。

国内企业对竞争情报分析的运用上还有很多问题，虽然目前看来国内企业对于竞争情报分析的系统性运用呈增长态势，但其在情报分析上的支付意识比较差，没有养成使用习惯。IBM、惠普等跨国公司每100万美元的销售额中会有2%左右的专项支出用于竞争情报收集和分析，而国内在这方面投入是远远不足的。究其原因，可能是由于竞争情报分析是非常年轻的领域，国内企业对此还不甚了解，从而导致在选择运用上的模棱两可，有时候甚至是出现问题时才"临时抱佛脚"。

具体表现在：从企业的情报分析部门的设置来看，我国目前有些知名企业像宝钢、长安汽车、海尔等都有专门的部门和岗位。但在一些企业中竞争情报收集和分析性质的工作分散在不同的业务之中，如可能由总裁办公室负责收集分析信息，也可能由销售部门、市场部门或者研发部门、采购部门等来负责此项工作，可以说是工作形态各异。

目前，国内企业最明显的问题是，对竞争情报分析的需求多是临时业务。从一个企业的长远发展考虑，有远见并且有一定经济实力的企业应该把竞争情报分析当作"保健品"。企业通过持续的竞争情报跟踪分析，使自身处于良性竞争环境，同时维护自身在相关竞争领域的优势，而不是等到出现问题时才急于找"大夫"。企业与其"病急乱投医"，不如从日常小事做起，注意内部情报收集和整合，培养外部情报的使用习惯，补充"营养""强身健体"。

《地产高管情报分析兵法》 Chapter two 课程 2

搜集方法：全面掌握情报搜集和分析的主要途径

CHAPTER TWO

>>> >>>

搜集方法：全面掌握情报搜集和分析的主要途径

 掌握搜集竞争情报

两大渠道

资料总体上可分为两大类：一类是印刷品文件资料，包括各类剪报、杂志、楼盘的宣传销售资料、已打印的报告等；另一类是电子文件资料。

 建立情报信息库的

三大步骤

将文件整理归档后，需要建立一套相对应的、图书馆式的便捷查找资料的方式。没有完善的检索系统，地产资料库在实际应用中查找不便，这么多的资料也只是摆设。

 熟练掌握情报分析的

两大利器

竞争情报分析是提供战略决策支持的关键，是把信息转化为情报的关键。竞争情报的分析技术有很多，常用的有以下几种：板块分析法、区位分析法、交叉分析法。

第一节
掌握搜集竞争情报两大渠道

>>> >>>

情报快递

1. 在国内大部分房地产市场,报纸是各楼盘刊登广告的主要传播途径,通过各楼盘广告的内容,可以清晰反映出各楼盘在各阶段的推广销售策略和其他情况;

2. 房地产行业的非正式出版物很多,主要有楼书、海报、客户通讯、企业内刊、电子楼书等,这些都是企业为了展示项目资料、宣传企业文化、促进房屋销售所制作的销售展示工具;

3. 除了搜集公开信息,还要到售楼处做访问调查,根据具体情况可以"明调",也可以"暗调","明调"可以公开身份,亮明来意,"暗调"则要假装购房客户,打探竞争对手的信息。

情报口诀

1. 细化情报源;2. 踩盘;3. 文件索引;4. 搜索引擎。

· 经典语句·

　　竞争情报对企业而言尤为重要,所以建立竞争情报体系便势在必行。掌握地产情报搜集的重要渠道,及时、准确地找到所需要的情报资料是一项需要企业高层高度重视并尽快落实的系统化工作。

Chapter two

搜集方法：全面掌握情报搜集和分析的主要途径

渠道一：五类竞争情报源

房地产的情报来源非常广泛，大致可以分为如下五类：

第一类：正式出版物

（1）报刊是最主要的竞争情报源

报纸和杂志是房地产市场推广应用最多的媒体，也是最主要的房地产竞争情报源。以郑州为例，报纸媒体主要包括《大河报》《郑州晚报》《东方今报》的房地产专刊。此外，行业杂志和直投杂志也是不错的信息源（郑州的行业杂志相对不够丰富），如果想搜集郑州房地产走势、政策法规、市场竞争环境、区域热点、营销概念以及行业精英人物等方面的情报，那么这些报纸和杂志应该是最好的情报源。

（2）报刊内情报的搜集内容

① 地产广告类

在国内大部分房地产市场，报纸是各楼盘刊登广告的主要传播途径，通过各楼盘广告的内容，可以清晰反映出各楼盘在各阶段的推广销售策略和其他情况。

地产广告类情报搜集

搜索方向	搜索内容
平面硬广告	搜集各楼盘刊登的各种规格的平面广告
报纸缮稿	搜集各楼盘刊登的软文
新闻报道	搜集新闻媒体对该楼盘的相关报道或采访

② 土地信息类

土地信息反映出房地产市场的后续供应量，是了解潜在竞争项目的主要途径。一般报纸上都会刊出土地拍卖之类的公告。

土地信息类情报搜集

搜索方向	搜索内容
土地拍卖公告	查找刊登在报纸上的土地拍卖公告
土地拍卖相关报道	关注具体土地拍卖动向，如该地块是否拍卖成功，如果拍卖成功，了解该地块的起拍价是多少、成交价是多少、成交单位是谁等

③ 市政规划类

市政规划类情报搜集

搜索方向	搜索内容
整个城市的发展总体规划	指城市的市政建设发展规划信息
区域市政的整改或修建	如河两岸整治美化、某路段的美化拓宽、公园广场的修建、局部旧城改造等有关市政信息

④ 经济动态类

具体内容包括：城市各年度、各季度的国内生产总值，三大产业及比重，人均收入，人均可支配收入等有关经济指标的数据统计，还包括房地产投资开发销售方面的数据统计，人口、人文方面的统计等。

⑤ 政策法规类

主要是房地产业相关的政策法规，新政策的出台及相关法规的调整和业界的反映等。比如银行利率、金融政策、购房税费、土地拍卖、商品房预售等房地产行业的政策调整。

第二类：互联网

互联网上的情报不仅覆盖面广，而且信息及时，同时还能提供其他媒体无法提供的情报。

例如要想了解郑州的竞争项目或者区域销售状况，郑州房地产网（www.zzfdc.gov.cn）可以提供无偿服务，也可以提供月度报告等有偿服务，其权威性保证了信息准确可靠；如果想了解行业预警信息，中房指数和各类机构的分析可以作为很好的情报资料；在郑州如果想要了解某项目竞争对手的客户纠纷或竞争劣势，那么就去"郑州搜房"、"商都楼市"或者"大河楼市"上的这个项目的网上论坛里查看；如果想了解河南18地市土地信息，那么河南18地市土地信息平台（http://www.acetudi.com）是个不错的选择。

Chapter two

搜集方法：全面掌握情报搜集和分析的主要途径

全国主要房地产相关网站索引

类别	网站名称	网址
资讯	房商网	http://winfang.com.cn
	搜房资讯	http://gz.soufun.com
	焦点房产新闻	http://house.focus.cn/newscenter/xwsy.html
	新浪房产新闻	http://bj.house.sina.com.cn/news
	TOM房产新闻	http://house.tom.com/news/index.html
综合	中华网房产新闻	http://news.soufun.com/gdxw.html
	易居网	http://www.eeju.com
	房产之窗	http://www.ehomeday.com
	地产互动	http://www.ir188.com
	安家网	http://www.anjia.com
行业	中国房地产资源网	http://www.realestate.cel.gov.cn
	北京商铺网	http://www.beijingshopping.com.cn
	北京公寓网	http://www.beijingapartment.com.cn
	上海写字楼网	http://www.shoffice.com
	大中华别墅网	http://www.villachina.com
	千龙网-房产	http://house.21dnn.com
政府	住房和城乡建设部	http://www.cin.gov.cn
	天津房管局	http://211.94.192.68/Pages/default429.aspx
	上海房地局	http://www.shfdz.gov.cn
	重庆房地局	http://www.cqgtfw.gov.cn
	广州房地局	http://www.laho.gov.cn
	广东省国土资源厅	http://www.gdlr.gov.cn
	中国国土资源部	http://www.mlr.gov.cn
金融	和讯网	http://www.hexun.com
	金融街	http://www.jrjkg.com
	中国人民银行	http://www.pbc.gov.cn
	中国建设银行	http://www.ccb.cn
	中国保险网	http://www.china-insurance.com
	招商银行	http://www.cmbchina.com
	中融网	http://www.jrjg.com
法律	房产律师网	http://www.sunnylawyer.com
	房产法律服务网	http://www.law110.com

续表

类别	网站名称	网址
市场	搜房中指库	http://industry.soufun.com/zzk
	搜房研究报告	http://industry.soufun.com/industry/industry_cityreport.asp
	致联市场研究	http://www.china-urc.com
	广东现代国际研究	http://www.mimr.com.cn
企业	万科集团股份有限公司	http://www.vanke.com
	新万通置业投资有限公司	http://www.gxvt.net
	北京华远房地产经纪有限公司	http://www.hy-agency.com
	首创置业股份有限公司	http://www.bjcapitalland.com.cn
	北京联合时代房地产经纪有限公司	http://www.huarunzhidi.com.cn
	北京中海地产有限公司	http://www.zhonghaibj.com
	广州富力地产股份有限公司	http://www.rfchina.com
展览	中国住交会	http://www.cihaf.cn
	北京四季房展	http://www.4j.com.cn
	中国展览网	http://www.chinaexhibit.net
	中国会展信息之窗	http://www.cn-expo.com
	展览联盟	http://www.s999.net/chinese
营销	王志纲工作室	http://www.wzg.net.cn
	九九营销	http://www.century99.com
	世联地产	http://www.worldunion.com.cn
	伟业顾问	http://www.bacic.com
	中原物业	http://www.centaline.com.cn
	中国营销网	http://www.sellcn.com
	创意村	http://www.plan-china.com
地区	北京HOUSE	http://www.bjhouse.com
	天津房地产网	http://www2.tjfdc.gov.cn/Pages/default429.aspx
	广州市房地产网	http://www.gzzjs.com/default.asp
	深圳房地产网	http://www.szxx.cn/house/index.asp
	上海爱家网	http://www.ihome.sh.cn
物业	物业管理协会	http://www.ecpmi.org.cn
	物业网	http://www.chinawuye.com
	物业管理网	http://www.cpmu.com.cn
	物业管理信息网	http://www.pmabc.com/html/index.html
	大中华物业管理网	http://www.wuguan.com
	现代物业网	http://www.xdwy2001.com

Chapter two

搜集方法：全面掌握情报搜集和分析的主要途径

第三类：非正式出版物

房地产行业的非正式出版物很多，主要有楼书、海报、客户通讯、企业内刊、电子楼书等，这些都是企业为了展示项目资料、宣传企业文化、促进房屋销售所制作的销售展示工具。非正式出版物是进行竞争对手分析非常重要的情报源，不仅可以了解竞争项目的产品资料，还能了解竞争项目的企业背景、实力信誉、运作模式、决策特征等。

第四类：人际网络

人际网络关系往往能得到公开渠道所无法获得的信息，而这些信息能对企业快速反应产生影响，尤其是在立项报批阶段和销售阶段。在立项报批阶段，通过人际关系能及时了解竞争对手或潜在竞争对手的规划信息；在销售阶段，通过人际关系能及时了解潜在竞争对手的价格策略、销售策略和推广策略。

第五类：房展会或研讨会

在房展会、专业论坛、业内研讨会等公共活动中，可以及时了解业内最新的市场动态、产品技术应用、建筑及景观设计概念、营销概念等情报。很多企业的市场部人员都会通过对沙盘模型、展会特装、活动演出进行拍照、摄像来进行资料搜集。

渠道二：竞争情报的三种搜集方法

方法一：实地调查——踩盘

实地调查是房地产竞争情报最主要的搜集方法，很多情报往往在公开的信息中无法获得，这就需要针对具体的情报需求进行专项调查。例如，要了解购房需求状况往往会采用抽样调查法，先进行问卷设计，然后组织调查人员到指定的地点访问调查。

（1）踩盘是最直接有效的情报搜集方法

除了搜集公开信息，还要到售楼处做访问调查，根据具体情况可以"明调"，也可以"暗调"，"明调"可以公开身份，亮明来意，"暗调"则要假装购房客户，打探竞争对手的信息。

（2）信息壁垒加固，踩盘难度越来越大

目前市场竞争日趋激烈，楼盘运作日趋成熟，致使各企业加强了对商业机密信息壁垒的搭建力度，这使通过踩盘获得楼盘信息的难度越来越大，情报人员要运用许多调查技巧才能了解到项目的真实情况（本书将针对这一常见的情报搜集方法在第五章作详细的讲解）。

方法二：文献检索

知识分为两大类：一类是我们所知道的学科知识；另一类就是要懂得在哪儿可以获得有关这些知识的信息。对地产情报人员信息源信息采集的技能培养就是以后一种知识的专门培养为目的的。文献检索与利用主要是从培养情报人员的信息意识和利用信息的能力出发的。

方法三：搜索引擎和网络数据库

情报搜集一般会选择搜索引擎，只要输入关键词，便能够最快速地搜集查找到房地产某方面的资料。搜索引擎非常适用于查找某些特定的信息情报，比如需要了解某地的详细市政规划情况，需要查找某城市各年度具体经济发展数据等。搜索引擎的特点是方便快捷、覆盖面广，但信息比较零散，而且使用搜索引擎获得相关资料后，需要分析评估资料的即时性和权威性。

情报的另一种重要的搜集方法是网络数据库的使用。在互联网上搜索到信息以后通过下载或直接打印的方式将信息整理后保存，以备情报分析使用。

第二节
建立情报信息库的三大步骤

情报快递

1. 由于研究报告、杂志及其他印刷文件一般都已装订成册,所以整理归类较为容易,只需将它们放在特定的地方即可;

2. 网上下载的参考资料通常较为冗长,而且很可能全篇资料只有少部分有参考价值,所以对于网上下载的参考资料有必要进行精简编辑;

3. 随着企业情报信息的不断丰富,楼盘个案资料会越来越多,这就需要将每个楼盘个案分析文件按区域划分加以保存,以"分级别"的方式归类。

情报口诀

1. 分类整理;2. 系统归档;3. 便捷查找。

经典语句

通过各种地产信息渠道获得原始地产资料后,整理和归类这些资料成为案头上的首要工作。资料的整理分类需要讲求及时性,对于各种资料做到定期地整理归类,才能保证在大量资料中快速查找到所需信息。因此,建立一个情报信息库变得尤为重要。

步骤一：对资料进行分门别类

资料总体上可分为两大类：一类是印刷品文件资料，包括各类剪报、杂志、楼盘的销售宣传资料和已打印的报告等；另一类是电子文件资料。

1. 对印刷品资料进行分类整理

（1）楼盘个案类资料的整理归类

建立以"每个楼盘"为单位的资料整理体制，以方便企业以后的信息查找。如果以后要了解该楼盘的有关数据，就可以从信息库中直接抽出该楼盘的文件袋，里面的资料一应俱全。

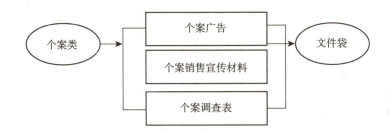

（2）市政规划类资料的整理归类

一般整理步骤如下：

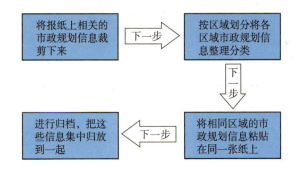

（3）政策法规类资料的整理归类

此类信息裁剪下来以后，不需要做特别的分类整理，将各政策法规类信息合理地粘贴在一张纸上即可。

Chapter two
搜集方法：全面掌握情报搜集和分析的主要途径

（4）经济动态类资料的整理归类

（5）其他印刷文件类资料的整理归类

由于研究报告、杂志及其他印刷文件一般都已装订成册，所以整理归类较为容易，只需将它们放在特定的地方即可。

2. 对电子文件进行分类整理

对于电子文件信息的整理，关键是在电脑里建立好清晰的电子文件存放路径。

（1）网页收藏夹的利用

将房地产主要网站的网址添加到网页收藏夹，以便于查找。如果网页收藏夹的网址过多，可以在"整理收藏夹"中添加一个新的网址文件夹，按照地区进行划分，同一省份的网址放到该省份的文件夹中。如广东房地产网、深圳房地产网都属于广东省，就在网页收藏夹中创建一个广东省文件夹，然后把这些网站的网址放到该文件夹中，这样查找起来就较为便捷。

（2）网上下载资料的保存

在房地产信息搜集中，经常会在网上搜索查阅某些相关的参考资料。在日常工作中，当获知某类较为重要的房地产相关信息，但现实中资料有限或不够完善时，就需要在网上查找相关资料加以进一步的完善。

网上下载的参考资料通常较为冗长，而且很可能全篇资料只有少部分有参考价值，所以对于网上下载的参考资料有必要进行精简编辑。同时还要注意文件保存时的文件名，文件名越直接越好，最好是一看到文件名就知道这个文件里面是什么内容，这样方便以后通过文件名就能直接找到某类特定的资料。该类资料由于信息种类多样，所以需要将各文件加以分类保存。一般的分类方式如下：

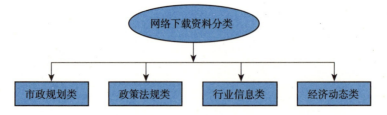

（3）个案分析类资料的保存

随着企业情报信息的不断丰富，楼盘个案资料会越来越多，这就需要将每个楼盘个案分析文件按区域划分加以保存，以"分级别"的方式归类。

以深圳市为例作一个个案文件的局部示范：

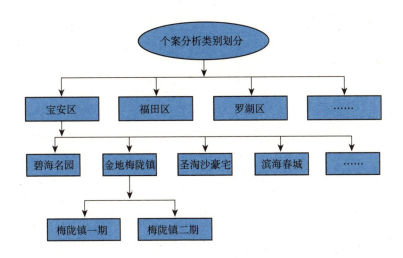

个案电子文件归档的整体示范：

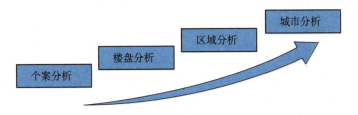

（4）土地拍卖信息类资料的保存

随着停止国有土地使用权协议出让或划拨等方式后，土地的招标、拍卖及跟进信息将成为了解后续楼盘供应情况的重要途径之一。

> 为调查某个区域的潜在竞争楼盘，可以通过查阅该区域的土地拍卖信息了解该区域的后续供应楼盘。

土地拍卖登记内容包括该地块的地理位置、用地面积、用地性质、地块开发指标等，如果拍卖成功

Chapter two
搜集方法：全面掌握情报搜集和分析的主要途径

则需要登记具体的成交价、成交单位、地价付款方式等。

土地拍卖信息类资料

地块编号	土地坐落	土地面积（m²）	规划用途	出让方式	挂牌拍卖日期	出让年限（年）	土地成交总价（万元）	受让单位
2006-A26	梁丰生态园内	9947.8	商业	挂牌	2006年9月7日	40	1925.85	新城置业
2005-A23	梁丰生态园西侧	161429.5	商住	拍卖	2006年10月16日	40~70	54607	南城房地产公司
2005-B83	金港镇双山双中村	26666.7	商业	挂牌	2006年7月6日	40	1017.47	碧水长天度假村
2006-B09	杨舍乘航街道东苑路南侧	22500.9	商住	拍卖	2006年10月17日	40~70	2598.8578	翔禾房地产公司
2006-B10	大新镇长新路南侧	26666.6	商业	拍卖	2006年10月17日	40	2000	宏宝房地产公司

（5）广告监测类资料的保存

此类内容只要保证资料登记及数据统计的合理格式，一般都较易查找，没必要再增加工作量来进行整理归类。

步骤二：建立图书馆式的资料索引

将文件整理归类后，需要建立一套相对应的、图书馆式的便捷查找资料的方式。没有完善的检索系统，地产资料库在实际应用中查找不便，再多的资料也只是摆设。索引设置得好坏，使用是否得当，极大地影响信息库的使用性能。

1. 资料手工索引方式

（1）楼盘个案类资讯的索引编制

第一步：楼盘文件袋编号

每个楼盘资料用一个文件袋，装好后在文件袋的一角贴上标签，在标签上写上楼盘名称及楼盘编号。

楼盘编号分三级，第一级是市内/市外、第二级是市内各区域、第三级是各楼盘。比如广州市天河区的"中海康城"，第一级编号为G（广州）、第二级编号为T（天河区）、第三级编号为001（楼盘序号），那么"中海康城"的编号为GT001。

第二步：建立楼盘索引表

当确定楼盘的标注编号后，就需要立即将该楼盘名称及其编号编入信息库的楼盘索引表中。

第三步：楼盘文件袋归档

①各区域的楼盘文件袋分区域放在一起；

②每个区域的文件袋按楼盘索引序号顺序排列；

③所有文件袋的标签朝外以方便查找。

广州楼盘资料索引（局部示例）

天河区		海珠区	
楼盘名称	编号	楼盘名称	编号
翰林1+1	GT001	信达阳光海岸	GH001
颐和山水	GT002	富力金禧花园	GH002
隽峰苑	GT003	恋日100	GH003
汇峰	GT004	中凯国际公寓	GH004
尚东君御	GT005	芳草轩	GH005

（2）市政规划类资讯的索引编制方法

第一步，将剪下的市政规划类信息按区域划分粘贴在一张纸上，一张纸可贴多个信息；

第二步，在纸张一角贴上标签，按页数标注页码；

第三步，建立"市政规划类资料索引"，在索引表上登记各信息的标题及其所在页的页码；

第四步，将各张纸按顺序装订成一本市政规划类的地产资料手册。

（3）经济动态类资讯的编号和索引

第一步，将剪下的经济动态类信息粘贴在纸张上；

第二步，在纸张一角贴上标签，按页数标注页码；

第三步，建立"经济动态类信息索引"（格式同市政规划类索引表），在索引表上记下各信息的标题及其所在页的页码；

第四步，将各张纸按顺序装订成一本经济动态类的资料手册。

2. 尽可能实现索引自动化

运用Excel表格可以轻松地实现索引自动化。具体步骤如下：

（1）索引的录入

按照书面索引的结构，在Excel中录入索引内容。需要注意的是，为方便查找，同一项目的名称要逐步引用下来，中间不允许有空格，具体见下表（仅列部分）：

Chapter two
搜集方法：全面掌握情报搜集和分析的主要途径

广州楼盘资料的电子索引（局部示例）

城市	区域	楼盘	编号
广州	天河	翰林1+1	GT001
广州	天河	颐和山水	GT002
广州	天河	隽峰苑	GT003

（2）电子索引筛选功能

通过Excel表格中的"筛选"命令来实现。

先用光标点击标题栏的序号（该栏显示灰度），然后在Excel数据菜单的下拉项中，选择"筛选"命令的"自动筛选"子命令，进入以下界面：

城市▼	区域▼	楼盘▼	编号▼

如果要查询天河区的楼盘信息，可以点击"区域"项的下拉三角，选择"自定义"，弹出对话框：在第①个方框内，选择"等于"，在第②个方框内选择"天河"，然后按确定，有关天河楼盘的信息就筛选出来了。

如果要选择的信息是关于某一类的某一特例，可挑出关键词，在第①个方框内选择"包含"，在第②个方框内输入关键词，然后按"确认"即可。

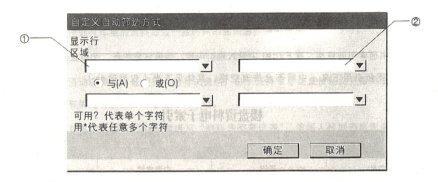

步骤三：完善情报信息库的管理制度

日积月累，信息库的资料量不断增加扩充，资料会越积越多，如管理不善，在使用过程中极易造成丢失或混乱。所以有必要制定相关管理制度使信息库保持良好的持续运作，保证调研活动中信息流动的畅通性。

制度一：明确职责制

职责1：日常定期剪报

职责2：广告监测及统计

职责3：电子文件资料的整理

职责4：资料的分类整理

职责5：资料索引表的更新

职责6：资料的归档

职责7：信息库的日常管理

职责8：公司其他员工收集的资料汇总

职责9：情报电子信息库的建立及维护

制度二：查阅登记制

建立查阅登记制度：

——负责人可将借阅人所需资料直接复印给借阅人；

——填写"资料借阅登记表"。

资料借阅登记表

借阅人	资料名称	借阅时间	归还时间

制度三：索引共享制

公司内其他业务部门都拥有一套完整的信息库索引，通过"索引共享制"保证信息库信息流动的畅通性，并由信息库负责人定期更新。

第三节
熟练掌握情报分析的两大利器

情报快递

1. 竞争情报分析是竞争情报管理的核心工作,是把信息转化为情报的关键,也是提供战略决策支持的关键;

2. 在分析板块前首先要界定板块,即调研地域范围内的区域市场可以分成几大板块,确定每个板块所涉及的地域范;

3. 受房地产极强的地域性影响,楼盘的开发通常受到楼盘所在区位相关情况的制约。区位分析包括纵向的区位发展前景预测及横向的区位居住条件分析。

情报口诀

1. 掌握使用方法;2. 完善分析方法;3. 培养职业习惯。

· 经典语句 ·

通过各种地产信息渠道获得原始地产资料,整理和归类成为案头上的首要工作,资料的整理分类需要讲求及时性,对于各种资料及时或定期地整理归类,才能便于日后在大量资料中快速查找所需信息。此时,建立一个情报信息库变得尤为重要。

利器一：常用地产竞争情报的使用方法

竞争情报分析是竞争情报管理的核心工作，是把信息转化为情报的关键，也是提供战略决策支持的关键。地产情报的分析技术有很多，常用的有以下三种技法：

技法一：板块分析法

板块分析经常应用于股市分析，但在房地产行业也得到相当广泛的应用，它是地产调研的重要分析方法。房地产具有极强的地域性特点，一般情况下，同一区位的楼盘在户型组合、销售价格、目标客户等特性上都较为接近（当然也有特殊情况）。通过对各个区域板块的分析及比较，掌握各板块的市场特征及各板块间的竞争态势。

（1）市场的竞争不单是楼盘间的竞争，也是板块的竞争

板块分析的原理在楼盘策划方面也得到了普遍应用，市场的竞争不单是楼盘间的竞争，更是板块的竞争。如果楼盘所在区位是市场强势板块，那么与其他弱势板块的楼盘相比，强势板块的楼盘更容易获得客户的关注及认同，比如广州的华南板块。所以，在楼盘策划方面经常应用到"区位炒作"的推广方式，借提升楼盘所在区位的市场影响力及市场美誉度来带动楼盘的销售。甚至同一区位的各个楼盘联合起来一起炒作来做旺本板块，使本板块与其他同类板块相比获得更强的竞争优势，从而成为市场的强势板块。

（2）界定影响板块划分的三大主要因素

在分析板块前首先要界定板块，即调研地域范围内的区域市场可以分成几大板块，确定每个板块所涉及的地域范围。当然，并不是所有调研都要进行板块划分，要依据调研地域范围的大小而定，对于一些小项目，如果其调研范围就在周边区域，没必要再针对本区域进行板块划分，只需对本板块进行分析即可。

因素一：城市路网结构

> **情报箴言**
>
> 城市的路网像一条条分割线，将城市划分为零零散散的板块。完善的路网结构能够方便居民的居住生活，促进片区的发展。

广州的天河板块与粤垦路板块，两个板块临近，按距离来说这两个板块应该属同一板块。但事实上

两大板块存在着相当大的差异，其中一个原因就是两大板块间横跨着一条铁路线，再加上粤垦路的路况一般，在一定程度上阻隔了天河板块对粤垦路的辐射。

因素二：市民心理认知

市民通常会对城市某个区域存在传统的心理认知，这些认知都将会影响客户的购买意向。比如通常外来群体倾向于在新城区购房置业，因为他们不太习惯老城区的传统氛围。

因素三：区位特征

因为属于不动产，所以楼盘区域性较强。由于处在同一区域范围内，各楼盘一般都存在类似的区位特征，其客户群体接近、楼盘价位相似。如广州的珠江新城板块，天河公园一带的天河公园板块等。

以上仅是板块划分的主要参考因素，划分板块需要个人具备对市场的综合把握，要非常熟悉区域行业市场情况。

（3）了解板块命名法则

在通常情况下，房地产调研中的板块命名可根据如下规律来操作：

命名法则一：按主干道名称来命名，如滨江东板块、机场路板块、宝岗大道板块等；

命名法则二：按景观名称命名，如白云山板块、天河公园板块、东湖板块等；

命名法则三：按板块所处区位地名来命名，如天河北板块、华南板块、东圃板块等。

西安板块分析实例

一、城南板块

1. 板块市场背景分析

<table>
<tr><th colspan="4">背景分析</th></tr>
<tr><th>片区</th><th>区位在板块中地位</th><th>发展现状</th><th>发展趋势</th></tr>
<tr><td>西高新区</td><td>现时的核心发展区位</td><td>① 价格水平高，高中档项目密集，房地产主轴线在高新路和科技路；
② 发展方向西移南扩，开始以大盘和高价位的中小型高档项目为主；
③ 科技路与高新路CBD区正在形成，商业地产快速发展；
④ 部分住宅项目具备新概念的商住形式</td><td>① 片区内的CBD区将形成，对区内住宅项目和商业项目产生支持作用；
② 房地产项目将以大盘和高价、高档的中小规模项目为主，商业地产功能主要以商务写字楼为主，而西部高新二期将成为主要发展区；
③ 区内CBD区将与长安路的CBD区连成城南的大型CBD区；
④ 片区市场将从核心发展区转向为其他后期启动的片区</td></tr>
<tr><td>城南片区</td><td>发展副心区位</td><td>① 以长安路为轴线，二环内连接朱雀大街、小寨路，形成商业地产和住宅较密集的区位；
② 二环外连接丈八东路，形成较高档的住宅区；
③ 片区发展已开始饱和，发展方向向南扩到丈八东，长安路CBD区已初步形成</td><td>① 房地产发展将更紧密地与西高新区融合；
② 商业地产的发展功能主要以购物消费为主，商务写字楼物业为辅</td></tr>
<tr><td>东高新区</td><td>从属发展区位</td><td>① 房地产发展势头较慢，项目不多；
② 从属于城南片区，主要以中档住宅项目为主</td><td>① 在城南发展的支持下，房地产发展速度加快；
② 从属的区位将更多地转移到曲江新区，继续以中小规模的中档盘为主</td></tr>
</table>

Chapter two
搜集方法：全面掌握情报搜集和分析的主要途径

续表

片区	区位在板块中地位	发展现状	发展趋势
曲江新区	待启动区，以旅游产业为主的复合产业发展区	① 是房地产发展的处女地，项目少，土地储备量大； ② 拥有丰富的生态资源、人文景观资源等，板块内具有差异性价值资源，故具有先天的优势	① 新区的发展将与板块内现有主要发展区进行功能互补； ② 新区内有市政规划、大批量土地支持，外有西高新与城南城市中心CBD区支持，该区将成为南部板块的核心发展区域

分析结论：

①目前核心发展区域位于西高新区，副心位于城南片区以长安路为轴线，二环内连接朱雀大街、小寨路，形成了商业地产和住宅较密集的区位，二环外连接丈八东路，形成较高档的住宅区；

②未来的核心发展区域将是位于东南的曲江新区，副心将位于高新开发区；

③西高新区和城南将成为西安市的中心区位，高中档住宅项目和商业物业密集。

2. 板块发展背景

板块发展背景

发展阶段	主要发展区位
发展初期	① 高新技术开发区的启动，促进高新片区房地产市场形成； ② 南二环的建成，带动城南房地产市场发展； ③ 以中小规模住宅项目为主
发展期	① 产业基地的发展促进西高新区的快速发展，形成科技路与高新路的房地产主轴； ② 城南房地产形成以长安路、小寨路和朱雀大街为轴心的南二环内外发展走向； ③ 以中高价的高中档楼盘为主，主要开发中等规模项目，商业地产开始发展
现时发展	① 西高新区发展成熟，市场在此片区开始西移南扩，高新二期成为重点区； ② 城南作为CBD区发展成熟，主住辅格局形成，市场向南扩张发展； ③ 以大盘项目和高价高档的中小规模项目为主，商业地产项目正高速发展

西安城南的开发从一开始就风光无限，因为这里相对良好的配套设施和高校林立的人文环境，使得城南的房子特别好销。

3. 板块市场属性

南部板块内的竞争主要是西高新区与中部城南片区的竞争，板块内的房地产项目价格较高，属于西安市场高中档项目密集的板块。南部板块的CBD区推动了板块商业地产属性的发展，使部分楼盘倾向于新型的商住结合性质的项目，如酒店公寓、商务公寓等项目，各项目依托CBD区和高新开发区发展，销售情况良好。近年来新型的商住结合性质的项目更是牵头带动了西安市场的大盘发展。大盘项目将与高价位中小规模的高档项目一起，成为南部板块的主流发展趋势。

4. 板块市场产业构成

南部板块市场的产业构成主要依托西安高新技术开发区，以教育和科技产业为主，并成为整个西安经济发展的动力产业，使高收入人群集中到南部板块。

5. 板块市场在售重点项目分析

城南片区

项目名称	规模（m²）	建筑类型	售价水平（元/m²）	均价（元/m²）	户型面积（m²）	供应量（套）
时代华城	15万	高层	3300起	3600	141~153	720
鼎盛时代	6670	商住	3400起	3750	80~200	250
骊马豪城	2万	高层	3200起	3550	119~160	475
世家星城	55万	多层	2350起	2680	81~196	7000
迈科星苑	8338	小高层	2980起	3450	81~135	64
群贤庄	4万	别墅	4000起	4450	154~353	301
曲江皇家花园	7万	别墅	5500起	5900	193~377	110

西高新片区

项目名称	规模（m²）	建筑类型	售价水平（元/m²）	均价（元/m²）	户型面积（m²）	供应量（套）
唐园新苑	27万	高层	2830起	3300	112~313	162
中华世纪城	41万	小高层	3000起	3450	101~205	4000
紫薇城市花园	8万	小高层	3200起	3700	82~353	800
西安锦都花园	8.7万	高层	2950起	3200	125~208	1106
含光佳苑	5000	高层	4500起	4850	109~264	269
高新国际商务中心	2万	写字楼	8500起	11000	322~1644	54
高科新花园	6.8万	小高层	3150起	3400	99~187	340
高新枫林绿洲	67万	小高层	3000起	3250	—	5541
高新水晶岛	3.9万	高层	3500起	3800	—	—
枫叶新都市	28万	商住	3450起	3700	85~179	80
精典四季花城	3.1万	小高层	2700起	2950	91~171	260
E阳国际	8271	商住	5150起	5500	98~265	96

6. 板块内成熟片区房地产综合指标统计

综合指标统计

区域	价格水平（元/m²）	物业及建筑型态	规模水平	客源	楼盘数量	主力户型
城南片区	3500左右	高层为主，小高层及多层为次	楼盘规模较小，一般在1万m²左右	城中高薪阶层为主，主要是高新区的居多	目前数量不多	以大面积的三室两厅为主
西高新区	3200左右	以高层及小高层为主	一般为70多万m²的社区型大盘	主要是高新区的高薪阶层及领导层	目前为西安市楼盘数量最为集中的区域，且开发量较多	以大面积三室两厅及四室两厅为主

7. 板块市场发展趋势分析

西高新和城南的CBD区将连接成为西安市新的市中心区域，从而带动南部板块地价的上升。土地供应量的减少，将导致房价的持续升高。这些因素共同推动南部板块其他后启动区域的发展。

高新支柱产业的不断发展，为房地产项目提供了适合的消费群体。

现有的西高新区和城南核心及副心发展区域，将以商业地产项目的运作为主，主要包括写字楼项目和商场购物中心等商业物业。

西高新区发展已接近成熟，土地供应量不足，未来板块内的住宅项目将以大盘及中高档项目为主，住宅开发的主要区域将集中在曲江新区。

二、长安板块市场房地产发展状况分析

1. 板块内各主要片区市场发展分析

片区市场发展分析

片区市场	片区地位	发展特点	发展趋势
长安科技园片区	重要发展区位	① 依托科技园产业基地的地域优势；② 承接城南板块影响力	① 片区将继续以大盘开发为主；② 将成为长安板块连接城区的重要桥头堡；③ 将成为长安板块的主要发展区域
长安中心区	现时主要区位	① 受益于西安城市中心南移趋势，房地产开发量及价格有所上升；② 总体开发较少，土地储备较多；③ 市场竞争不激烈，总体价格水平低	① 将是长安板块的主要发展区域，但需要长安科技园的带动；② 长安科技园与韦曲科技园的发展，将对该区产生持续的支持

长安板块发展的重要片区位于长安科技园区,此片区是长安板块最有影响力的区域,也是带动整个长安板块升级发展的引擎。

2. 板块房地产发展背景

房地产发展背景

发展阶段	发展背景
发展初期	"长安花园"为第一代成功项目的代表。当地交通配套缺少、生活配套质量不高,造成房价低、销量不好的状况。该板块内项目开发水平普遍不如城区
发展期	① 新建长安科技园和韦曲科技园等产业基地及规划推动房地产发展; ② 撤县改区,赋予长安更大战略发展空间; ③ 房地产项目,特别是大盘项目在长安科技园开始发展,使长安有了连接城区的门户,也促进了中心区的房地产发展

长安区自然环境优势明显,有山、有水、有川,有适合居住的良好环境。长安区大学城的建立,更引起投资者的注目。长期以来,因为配套跟不上,这里成为别墅的聚集地;普通住宅虽然有价格优势,却很难形成规模市场。

长安区北部由长安科技园区连接城区,韦曲科技园、大学城等产业基地的建设和投资引资,为板块市场的发展提供了产业支持。

3. 板块市场属性

长安科技园片区以大盘开发为主,基本上是住宅项目,也出现了部分商务住宅项目。长安中心区发展中小规模的低价位住宅项目,但价格和供应量将随着环境和基础配套的完善而不断提高和增加。

4. 板块市场产业构成

在长安科技园和韦曲科技园未建成以前,长安板块基本上以工业和农业为支柱产业。上述两个科技园发展成熟后,长安板块的科技产业能更好地带动房地产市场的发展。

5. 板块市场房地产综合指标统计及分析

房地产综合指标统计

价格水平	物业及建筑型态	规模水平	客源	楼盘数量	主力户型
在3000元/m²左右	以小高层为主,居住密度较低	60万m²以上的超大型社区,但为数不多	辐射面较广,主要是西安高薪的中青年	目前数量不多,大多集中靠近高新开发区	以大面积的两室两厅和三室两厅为主

6. 板块市场的发展趋势分析

长安中心板块随着长安科技园片区的发展，将出现房地产发展的高潮。长安板块的开发量、价格水平等都会有所提升。

随南部板块的发展，板块将从"南部板块延伸带"、"高新后花园"跃居新西安市中心延伸区域的位置；西安市场的郊区化也将首先从长安板块开始。

三、城北板块房地产发展状况分析

1. 板块市场背景分析

城北板块是西安房地产板块市场的另一个重点的板块，占据城市发展的重点战略位置。板块内包括西安经济技术开发区、未央湖度假区、城运村居住区、张家堡广场等产业基地，为城北的发展提供了优良的背景。

2. 主要发展区位及各片区市场发展分析

各片区市场发展分析

片区市场	片区地位	发展特点	发展趋势
中部片区（以北二环与未央路交界为轴心和边界，向南到北关正街，向东到太华路）	现时的核心发展区位	① 依托经济技术开发区发展； ② 现时发展以中小规模的中档住宅项目为主，集中在未央路和太华路； ③ 板块内的商务写字楼物业主要在此片区发展； ④ 商业项目不发达； ⑤ 市场总体均价低于其类比板块南部市场，开发量和供应量也相对较少	① 经济技术的发展，将形成对片区的强力支持； ② 开发量和供应量将会提升，更多的项目会进入其中； ③ 住宅市场继续以中等规模中档项目为主； ④ 商业项目市场将占据重要位置
城运村片区（以城运村为轴心）	现时的发展副心区位	① 依托城运村的规划，大面积绿化广场，并得到经济技术开发区的支持； ② 现时主要以中等规模的高中档住宅项目为主，别墅物业的开发是重头戏； ③ 基本上还没出现商业项目，但发展潜力很大	① 将成为城北的中央居住区和中央商务区，大盘的发展将兴起； ② 商业地产市场将随着住宅市场的发展而兴起
未央湖度假区	特定属性的高端低密度居住区	① 以未央湖风景区为发展背景； ② 现时主要以高中档低密度住宅项目为主； ③ 以别墅和多层组合的低密度开发模式为主	① 继续以别墅和低密度住宅为主； ② 将成为城北的生态居住和旅游风景区

3. 板块房地产发展背景

房地产发展背景

发展阶段	背景特点
发展初期	① 生活配套缺乏，交通设施少； ② 居住环境差，房地产开发项目少； ③ 缺乏产业支持，经济能量低； ④ 早期城运村功能单一，缺乏配套
发展期	① 北二环路的建成和未央路的拓宽改善了交通环境； ② 张家堡广场等商业配套的投入改善了生活配套环境； ③ 西安经济技术开发区的发展开始为板块发展提供产业支持

①城北板块的基础配套环境已得到很大的改善，交通配套和基础生活配套已完善，房地产市场已形成未央路和北二环、太华路、城运村等项目密集地带；

②板块内的教育和商业配套依然比较缺乏，这可能成为房地产市场的发展瓶颈；

③西安经济技术开发区的发展为板块市场带来产业支持。

4. 板块的市场属性

板块住宅市场属性将从现在的中等规模中档盘向大盘项目和低密度项目转化。商业地产项目将是板块未来发展的热点，包括商务物业及商业物业。开发区内将主要是高价、高档的中小项目和商业地产项目。

5. 板块市场产业构成

经济开发区的发展，将推动消费市场结构的转变，科技产业将完全代替工农业成为支柱产业。

板块内传统产业——农业将与旅游业结合，这将是西安发展观光农业的理想之所。

6. 板块市场在售重点项目分析

在售重点项目分析

项目名称	规模（m²）	建筑类型	售价水平（元/m²）	均价（元/m²）	户型面积（m²）	供应量（套）
凤凰新城	1.5万	商住	2900起	3150	145~184	60
银河华庭	3202	高层	2650起	2900	130~168	168
锦园新世纪	30万	小高层	2380起	2700	125~205	3412
欧洲世家	13.3万	别墅	5900起	6600	300~490	44
碧云天花园	—	多层	1250起	1550	110~168	60
雅荷渡假山庄	23.3万	多层	—	1350	22~157	1786
雅荷花园	5.5万	多层	1680起	1850	147~337	540

续表

项目名称	规模（m²）	建筑类型	售价水平（元/m²）	均价（元/m²）	户型面积（m²）	供应量（套）
雅荷智能家园	三期12万	小高层	2700起	2900	106~179	1350
雅荷城市花园	9.9万	多层	2050起	2200	33~230	280
万国金色家园	3.2万	小高层	2150起	2400	96~130	340

7. 板块市场房地产综合指标统计及分析

地产综合指标统计

价格水平	物业及建筑型态	规模水平	客源	楼盘数量	主力户型
住宅：3000元/m²以下 别墅：3000~6000元/m²左右	主要以小高层及高层为主，靠未央湖区域有别墅入市	6万m²以上的大盘为主	主要是市区的中高端消费群	数量不多，以大盘为主	以大面积的三室两厅为主

8. 板块市场发展现状特点分析

①城北板块土地储备大，采用先规划、后开发的开发模式；
②基础配套现在已基本完善，正处于前期发展的阶段；
③板块市场的土地价格低，使开发成本直接降低；
④板块位置也处于西安城市发展的重点区域；
⑤板块市场以中等规模的中档项目为主，价格水平比南部低，但高于其他板块；
⑥商业地产市场发展现时相对滞后；
⑦西安经济技术开发区的发展正处于中期发展阶段，与高新区相比，其对南部提供的支持力较为有限。

9. 板块市场的发展趋势分析

开发区的建设和大盘及商业地产项目的进入是其近期发展的特点。由于板块土地储备量大，地价低，所以该区域将出现大量高品质、低价格的高性价比项目。开发区内有望形成CBD区，现时的城运村相应的将成为CBD区，大盘项目将会多在此区发展。板块内围绕未央湖度假区开发的低密度住宅区，发展将以别墅类的项目为主。

技法二：区位分析法

受房地产极强的地域性影响，楼盘的开发通常受到楼盘所在区位相关情况的制约。区位分析包括纵向的区位发展前景预测及横向的区位居住条件分析。

（1）预测区位发展前期前景

区位发展分析着重于项目所处区位的前景预测。一个楼盘的成败与该楼盘所处区位的发展前景息息相关，良好的区位发展前景将会大大提高本区域的市场竞争力，从而影响楼盘的升值潜力及楼盘竞争力。

（2）分析区位居住条件

区位居住条件分析着重于对项目所处区位居民的"衣食住行"进行分析。楼盘不是"空中楼阁"，虽然一个楼盘的"衣食住行"在某些方面可通过对楼盘的打造来解决，但更依赖于楼盘所处区位的各项居住条件。

各项居住条件列表

居住条件	分析内容
交通条件	分析楼盘所处位置的路网结构、路况、交通设施条件及业主入住后的交通成本
就业条件	本区位及周边的就业情况分析、就业性质分析、主要就业人群分析以及本项目与就业中心的距离分析
居住环境	主要包括地块内的自然环境、地块周边的自然环境、人文环境（包括周边建筑群、历史习俗、当地主要居住人口结构及特性等）
商业条件	项目所处区域的商业配套设施、居民的生活配套设施
街区功能	城市片区规划中的主导功能，是居住区、工业区还是商业区等

技法三：交叉分析法

交叉分析是统计分析中的一种分析方法，通过变量的多重交叉、综合分析得到一个全面的结果。在房地产分析中，交叉分析经常应用于房地产综合性的分析评述。

（1）分析销售面积与销售价格的变化规律

比如销售额、销售面积与销售价格之间的变化，销售额的年增幅超过销售面积，就意味着销售均价上升。结合市场分析，价格上升的主要因素是什么？是商品房升值了，高档商品住宅供应量增加了，还是商铺供应大幅增长带动了整体商品房价格的上升？这些因素在项目开发期间将会有什么变化？

（2）分析商品房投资开发面积变化规律

比如，商品房投资、开发面积、商品房销售面积与商品房空置情况之间的变化，同样可以做深入的

Chapter two
搜集方法：全面掌握情报搜集和分析的主要途径

分析，并结合指标走势及市场，预测在项目开发期间将会面临的态势。

（3）分析消费者各年龄段的购房比例

以下就是通过交叉分析，挖掘出"年龄"、"再次购房者比例"两个变量之间的关系，得出35～45岁年龄段是再次购房主力人群的这一结论：

根据交叉分析，35～45岁这个年龄段是事业趋于成熟的时期，年轻时购置的过渡型居室(或房改公房)已到了更新换代的阶段，该年龄组中再次购房者占这个年龄组全部被访者的36.84%，同时占到了全部再次购房者的41.18%。这批在事业、家庭、心理等方面都比较成熟的阶层的需求特点，是特别值得开发商关注的。

利器二：完善地产竞争情报分析的八种方法

方法一：竞争对手跟踪

房地产行业对竞争对手进行系统跟踪分析的企业不是很多，主要是因为房地产项目竞争具有很强的区域性，同一个企业在CBD是竞争对手，在中关村可能就是合作伙伴。目前房地产竞争对手的跟踪主要集中在销售环节，对竞争对手的价格策略、促销策略、推广策略以及客户服务策略进行跟踪分析。但是随着房地产开发公司在竞争中的优胜劣汰，企业要想生存和发展，就必须对竞争对手进行系统全面的跟踪分析，包括对竞争对手的战略战术、管理运营、企业文化及其他相关活动的评估，以确认其优势、劣势以及未来动向。

方法二：反求工程

房地产的成本主要是土地成本，建安成本对房价的影响很小，因此反求工程主要是在征地阶段应用。开发商在征地时，先要了解地块周边在售项目的均价，再减去行业平均利润和建安成本，就估算出该项目的土地成本，这一数值就是项目征地时的参考价格。

方法三：市场信号分析

竞争对手的任何行动，都将是显示出他们的意图、动机、目标或内部状况的直接或间接的暗示，这些暗示对制订竞争战略往往起着重要的作用。公开的信息中也能搜集到市场信号，如在竞争对手的招聘广告中，分析竞争对手的招聘要求，可以发现竞争对手的很多意图和动向。

方法四：事件分析

事件分析可以用于帮助企业找出必须面对的某些关键的机会和问题，从而保持或增强其竞争地位。SARS之后，很多板式住宅项目纷纷以香港"陶大花园"为反面教材，攻击竞争对手的塔式设计，同时开始大肆宣传"健康住宅"的概念。

方法五：价格敏感性的分析方法

比如，客户最高可接纳的、勉强可接受的、无法接受的价格，对应着开发商得到较好的利润、开发商得到一般的利润、开发商的利润受损几个层次的利润获得情况。在这两者之间有一个整合的过程，最好是能够找到客户乐意接受，而开发商又有较好利润的价格定位。价格过高无法吸引顾客，而价格过低则会导致开发商的利益受到损害。

方法六：聚类分析方法

消费者购房、租房等行为、心理上的差异，为项目推广时开发商与消费者的沟通提供参考。可以把人群按照心理特征分为时尚消费型、消费谨慎型、自我导向型、消费尝新型、消费实惠型，当企业不断地对其进行细化的时候，就可以得到更多详细的市场分类，以便进行更加准确的市场定位。在具体地对人们的消费习惯和特点进行分析的时候，需要设计相应的问题来取得数据，再通过变量、多重的交叉来综合地分析才可能得到一个全面的结果。在市场研究中充分地挖掘潜在客户的心理特征和消费习惯，对于产品开发商的决策具有重大的参考、指导意义和价值。

方法七：联合分析方法

在进行开发的时候，要考虑到各种因素，并且把些不同的因素综合起来进行考虑，这就需要运用联合分析的方法。比如进行小区开发规划的时候，要综合考虑到各种情况，比如环境、面积、物业管理、价格等因素。到底什么样的产品属性组合才是最受消费者欢迎的，这也是企业开发项目时最关心的问题。

......

一般的联合分析都是在SPSS统计软件当中完成的，而在SPSS当中使用的是常规型的分析方法。通过应用联合分析方法可以进行市场细分，同时估算出各个细分市场的市场占有率，这要求有比较丰富的材料和可靠的数据。

Chapter two
搜集方法：全面掌握情报搜集和分析的主要途径

方法八：SWOT矩阵分析法

　　SWOT矩阵分析是房地产市场研究中最常用的情报分析方法，用于帮助企业识别其面对的市场环境，竞争对手的优势、劣势、机会和威胁，为企业提供可选择的竞争战略。SWOT矩阵分析是一种综合分析法，很多情报人员往往只能列出优势、劣势、机会和威胁，而对综合分析的结果——竞争战略选择则感觉不知如何下手。其实很简单，运用SWOT矩阵分析法选择竞争战略，就是要"发挥优势、抓住机会、改变劣势、避开威胁"。

案例 2　SWOT矩阵分析法实例

S（优势）	W（劣势）
地块规模效应	价偏高
地块地势优势	地块道路未开通
地块景观优势	剩余拆迁未完成
项目配套优势	高压线斜穿地块
项目交通优势	地块内有地震台

O（机会）	T（威胁）
周边项目品质较低	市场供过于求
周边项目旺销	容积率偏高
中心半岛绝版地段	小高层抗性大
多层产品品质低	整体消费力低
	目标客户分流

Chapter two
搜集方法：全面掌握情报搜集和分析的主要途径

一、S（优势）：地块规模、地势、景观等存在优势

1. 地块规模效应

泸州市土地开发规模一般较小，本项目规模相对较大(占地8.9万平方米)，有利于社区整体合理规划，建筑高品质社区。

2. 地块地势优势

项目地块地势高低适度起伏，有利于依地势坡度建筑高品质多层产品，打造高品质社区。

3. 地块景观优势

项目地块处城中心半岛西部制高点，可俯视城市全境，可近观长江水、远观山景，在城西板块具有相对较高的景观价值优势。

4. 项目配套优势

项目周边配套成熟，距新城市中心5分钟路程。对于项目而言，泸州博物馆、图书馆等市政配套及伊顿酒店、汇通百货、甲壳虫连锁店、诺玛特等生活配套均为消费者生活和学习带来便利。

5. 项目交通优势

项目地块四面路网环绕，四通八达，60米宽景观主干道已修建至项目宗地处，现已开通20路、208路、230路、238路等多条公交线路。

6. 项目地标优势

项目地块地势较高，处于城西区制高点，可将项目打造成为区域地标项目。

二、W（劣势）：地价偏高、地块道路未开通

1. 地价偏高

项目地块以794元/平方米的地王价拍卖成交，相比其他地块来说，出让价格偏高，因此增加了项目开发成本。

2. 地块道路未开通

江阳西路已修建至项目宗地处，道路开通征地没有完成，开通时间不确定，但其他三面规划道路及江阳

西路的全线贯通尚未确定，影响项目整体环境营造。

3. 剩余拆迁未完成

项目地块内仍有部分农户未拆迁，会延误前期土地平整工期。

4. 地块内有高压线

项目宗地内斜穿一条高压输配电线路，影响项目整体规划、土地平整及开工时间。

5. 地块内有地震台

地震台建筑陈旧且占地形状不规则，在项目规划上必须考虑到地震台的出入通道和工程施工要求，这不利于项目整体规划和景观设计。

弱化对策
①通过控制项目工程造价成本来弥补地价偏高的劣势；
②与道路工程职能部门协商道路的施工规划和进程，尽量配合项目开发施工计划；
③进一步做好政府公共关系，加快农户拆迁进度及完成高压输配线路的改道；
④将地震台重新包装利用，保持外观与本项目整体建筑风格协调一致。

三、O（机会）：周边项目品质较低、周边项目旺销

1. 周边项目品质较低

项目周边在售楼盘多数品质较低，其他项目品质的弱势为本项目打造高品质的人居样板工程提供了机会。

2. 周边项目旺销

项目所在区域内的楼盘热销凸显出项目的地段价值，同时为本项目销售带来客户群。

3. 中心半岛绝版地段

随着城市发展的西移和城区出让规模地块的稀缺，该绝版地段为本项目制造了卖点。

4. 多层产品的品质较差

泸州市房地产市场产品设计落后，目前市场现存的多层产品基本为20世纪90年代初期的产品，品质较差。本项目可以以相对较低成本提升当地多层产品品质。大多数社区无会所，社区规模较小，生活氛围处于弱

势，本项目可加强建筑产品的设计，打造精致园林景观，优化户型产品，建造高品质社区，建1:1样板房，带给购房客户强烈的视觉冲击。

四、T（威胁）：市场供过于求、容积率偏高

1. 市场供过于求

数据统计，截至2005年11月份，全市竣工面积为68.3万平方米，空置一年以上的面积为35.5万平方米，而销售面积仅为78万平方米，总体呈现出供过于求的饱和状态。

2. 容积率偏高

本项目地块的地势高低起伏，难以满足宗地控制性规划指标中容积率为2.5的标准，相对偏高的容积率会给项目带来开发及销售风险。

3. 小高层抗性大

市场对小高层产品的需求量不大，购房客户对小高层单位的认可程度较低。本项目出于对容积率和整体规划的考虑，小高层的货量较多，对未来的销售造成一定的内在威胁。

4. 整体消费力低

尽管城市经济增长速度较快，但经济基数较小，截至2005年第三季度，统计出全市完成国内生产总值（GDP）为211.6亿元，城市居民人均可支配收入为6660元。可见，全市整体消费水平出现偏低的状况。

5. 目标客户分流

城北新区高品质、低价位楼盘及该区域的在售楼盘与本项目目标客户群基本一致，与本案产生客户争夺，由于本项目相对入市较晚，客户被分流。

风险对策

①市场表现出供过于求是一种"虚饱和"现象，实质上这是由于当地开发的产品品质较差，根本不能满足对居住品位有较高追求的消费者的需求，所以本项目应重点提升本地多层产品品质；

②本地较低消费能力是不可回避的抗性，与规划设计单位共同协商，尽量降低小高层的开发量，降低开发销售风险；

③提前入市宣传、预售，降低客户分流的影响。加大对周边楼盘的跟进调研，制定有效的、全面的战略措施，一方面避免与其展开直接的竞争，另一方面在产品设计、规划设计、营销手段、服务质量等方面超越对手。

相关情报

|情报观点|

激烈的市场竞争要求企业必须在第一时间对竞争形势作出最准确的判断,这是企业制定战略的基础,也是竞争情报分析所关注和需要解决的问题。企业要进行竞争情报分析就需要掌握尽可能多的情报分析方法。

|情报运用|

Benchmarking、财务分析法、数据库分析

|超级链接|

要想了解更多房地产前沿资讯,获得更多项目管理信息,那么就赶快配置一把财富金钥匙。
网址: dichan.sina.com.cn　　邮箱: winfangbook@winfang.com　　电话: 020-61073242

企业竞争情报的另外几种分析工具

激烈的市场竞争要求企业必须在第一时间对竞争形势作出最准确的判断,这是企业制定战略的基础,也是竞争情报分析所关注和需要解决的问题。企业要进行竞争情报分析就需要掌握尽可能多的情报分析方法。

方法一: Benchmarking

Benchmarking,国内的业内人士多称其为"定标比超",是指将本企业、公司的经营管理各方面的状况与企业竞争对手或行业内外一流的企业进行对照分析的过程,它是评价自身企业和研究其他有关企业的一种手

Chapter two
搜集方法：全面掌握情报搜集和分析的主要途径

段，是将其他企业及竞争对手的经营成就和业绩作为自身企业的内部发展目标并将其他企业最佳做法移植到本企业经营中去的一种方法。

主要应用的范围：

①对竞争对手做Benchmarking，有助于确定和比较竞争对手经营战略的组成要素；

②通过对行业内外一流企业进行Benchmarking，可以从任何行业中最佳的企业那里得到有价值的情报，用于改进本企业的内部经营，建立起相应的赶超目标；

③做跨行业的技术性的Benchmarking，有助于技术和工艺方面的跨行业渗透；

④通过对竞争对手进行Benchmarking分析与对客户的需求做对比分析，可发现本公司的不足，从而将市场、竞争力和目标的设定结合在一起；

⑤通过对竞争对手的Benchmarking分析，可进一步确定企业的竞争力、竞争情报、竞争决策及其相互关系，大大增加企业竞争情报应用研究的科学性和实用性。

方法二：财务分析法

财务分析法，是指通过各种方法收集研究对象的财务报表，并分析其经营状况、融资渠道以及投资方向等情报的分析方法。上市公司财务数据的收集相对来讲要容易一些，其他类型公司财务情报的收集有一定的难度，但也有一些独特的途径，比如政府有关部门、行业协会、市场调查公司、各种文献、上市公司中期报告、年度报告以及新闻报道等。

方法三：数据库分析

数据库分析主要包括因特网与数据库两个方面的数据分析，通过这种分析法可以了解竞争对手的情报，随着互联网的普及，来自互联网的情报越来越具有价值。总的来讲，来源于互联网或数据库的情报主要包括以下几种：

①有关竞争对手的情况；

②生产同类产品的厂商情况；

③产品技术的专利情况；

④同行业专家的基本情况；

⑤本行业的发展前景和趋势。

《地产高管情报分析兵法》Chapter three 课程3

专题研究：分析情报搜集重要渠道——踩盘

CHAPTER THREE

>>> >>>

专题研究：分析情报搜集重要渠道——踩盘

① 确定踩盘的 市调内容

踩盘是最常见的房地产调研方法之一，也是了解楼盘的最常用方法。它不但是初入行者接触房地产知识的第一课，也是获取房地产竞争情报的主要搜集渠道。但目前市场竞争日益激烈，楼盘运作日趋成熟，通过踩盘获得楼盘资料的难度也越来越大，所以需要运用很多技巧才能了解项目的真实情况。

② 掌握踩盘的 两大技巧

踩盘者要掌握住角色特征，扮演不同的身份去获取不同的信息，并能够快速地毫无遗漏地整理出这些信息使之成为珍贵的情报资料。

第一节
确定踩盘的市调内容

>>> >>>

情报快递

1. 踩盘前首先需明确要调查的区域和要调查的对象（如：住宅物业、商业物业、厂房物业等），再着手寻找调查项目的相关资料，然后拟定在踩盘过程中有哪些注意事项；

2. 在许多城市，楼盘价格表以前是对外公开派发的，但在目前市场竞争激烈、操盘手法日益成熟的情况下，销售价格成为敏感的商业信息之一；

3. 对于项目总体销售情况，要依据"套数销售率"、"面积销售率"、"金额销售率"三个不同指标来分别统计；

4. 在日常的调查中，掌握户型配比信息要达到科学意义上的精确同样存在一定的难度，需要多方面地调查并经过详细统计后才能得到该楼盘的最终大致户型比例。

情报口诀

1. 踩盘准备；2. 信息把握；3. 资料处理。

经典语句

分析竞争对手情报的目的和内容，是了解每个竞争对手可能采取的战略行动、行动实质及其成功的几率；各竞争对手对其他公司的战略行动可能作出的反应以及各竞争对手对可能发生的产业变迁和环境的大范围变化可能作出的反应等。根据分析结果可以制定出有利于自身长期发展的相应对策。

Chapter three
专题研究：分析情报搜集重要渠道——踩盘

踩盘是最常见的房地产调研方法之一，也是了解楼盘的最常用方法。它不但是初入行者接触房地产知识的第一课，也是获取房地产竞争情报的主要搜集渠道。但目前市场竞争日益激烈，楼盘运作日趋成熟，通过踩盘获得楼盘资料的难度也越来越大，所以需要运用很多技巧才能了解项目的真实情况。

一、踩盘前：必做的两项基础工作

踩盘前首先需明确要调查的区域和要调查的对象（如：住宅物业、商业物业、厂房物业等），再着手寻找调查项目的相关资料，然后拟定在踩盘过程中有哪些注意事项，比如向售楼人员提出什么问题或应对可能遇到的一些突发状况的办法。做好相关的准备后就可以出发了。

工作一：了解所踩项目基本情况

踩盘调查事项

调查事项	了解内容
地理位置	项目所处的区域位置
环境	大环境：人文、交通、商圈；小环境：小区域发展状况、市政规划
产品	主力产品、附加产品、公建产品
投资商	开发背景
开发商	开发过哪些项目
建设商	建设情况及资历如何
代理商	销售代理、广告代理（推广、策划）
物业管理	物业管理公司的资质
五证	土地使用证（或土地使用出让合同）、建设用地规划许可证、建设工程规划许可证、建设工程施工许可证、预售（销售）许可证

注：在建立基本需求框架后，根据电话访问和网络搜集信息的不足，在踩盘过程中再收集并补足。

工作二：制定现场踩盘计划

（1）明确是看一种产品，还是看所有产品。

（2）根据产品的调查方向建立表格和调查方式。

（3）与售楼员提前预约；准备录音笔、相机。当然，使用手机拍照更方便；有时甚至需要准备假名片。

踩盘任务单

楼盘名称：	
地理位置：	
踩盘要点：	
踩盘人：	
时间要求：	

二、踩盘过程中：需要准确判断的三个信息

信息一：销售均价

在许多城市，楼盘价格表以前是对外公开派发的，但在目前市场竞争激烈、操盘手法日益成熟的情况下，销售价格成为敏感的商业信息之一。

（1）销售人员所说的销售均价与实际均价有出入

虽然通过咨询现场销售人员，会问到销售均价，但并不表明这一定是准确的销售均价，因为从有利于销售角度考虑，一般销售人员所提供的均价往往与实际销售均价有所偏差。这并不是说销售人员回答的均价毫无根据，虽然有些出入但不至于非常离谱，所以通常销售人员回答的均价可以作为楼盘价格调查的参考依据之一。

（2）通过多种途径核实均价

在了解销售人员所述均价后，不妨通过各方面途径加以进一步的考证，比如通过可靠的人脉关系打听情况。如果没有内部关系，也可以在销售现场通过某些调研技巧加以进一步考证判断。最常用的方法是通过各单位定价规律来论证，除此之外，也可以在踩盘回公司后致电该楼盘的销售现场，通过电话复核销售均价，进行多方面考证。

信息二：楼盘销售情况

通过常规的调查很难得到准确的楼盘销售率，而且也没有任何实际意义去刻意追求非常准确的销售率。对于表达楼盘销售率更好的方法是使用"大约"等笼统含义的词语，并且注明相应时间。

（1）总体销售率分析

对于项目总体销售情况，要依据"套数销售率"、"面积销售率"、"金额销售率"三个不同指标来分别统计。不同统计指标得到的楼盘销售率是不同的，通过不同指标统计得到的结果可清晰反映出该楼盘的实际销售情况。但通常情况下，在实际调查中，如果按此要求去调查，可能许多情报人员都会面露难色，所以在实际调查操作中，只能说尽可能获得该方面的综合评估数据。

由于住宅各单位的价格、面积差异不是很大，所以按不同指标得到的销售率差异也不大，但商铺销售价格会存在相当大的差异，从而销售率的统计结果也会存在较大的差异。

Chapter three
专题研究：分析情报搜集重要渠道——踩盘

（2）户型销售率分析

各类户型分别代表着一个楼盘不同类别的产品，每个户型的销售情况反映出该楼盘的实际需求情况。通过各户型销售率分类统计，可明显看出哪一类户型是滞销户型，哪一类是畅销户型。

在调查楼盘销售情况时，可以通过有关调查技巧进一步进行综合判断。比如，旁敲侧击地和销售人员谈话，或者根据销售情况由表及里地进行分析。一个项目销售的好坏将会非常明显地影响该项目的后续策划推广，所以从该项目的后续推售节奏及策划具体操作上即可初步推断出该项目的实际销售情况。

某区域户型面积和销售面积一览表

项目名称	面积范围(m²)	户型比例(%)	销售率（%）
××翠庭	60 以下	26	约41
	60～80	61	约57
	80～100	13	约43
××园	60～80	47	—
	80～100	18	—
	100～120	35	—
××雅苑	60～80	50	约27
	80～100	17	约46
	100～120	25	约17
	120～150	8	约8
××花园	60 以下	6	约100
	60～80	24	约98
	80～100	19	约100
	100～123	51	约94

续表

项目名称	面积范围(m²)	户型比例(%)	销售率（%）
××名庭	60以下	5	—
	60~80	40	约29
	80~100	32	约31
	100~120	15	—
	120~150	8	—
××居	60以下	30	约83
	60~80	55	约68
	复式	15	约50
×景花园	60以下	33	—
	60~80	17	—
	80~100	50	—
×美景花园	60~80	40	约37
	80~100	60	约42
×运花园	60~80	38	—
	80~100	62	—

结合各楼盘具体售价及档次对该区域进行分析，该区域档次稍高的楼盘中，户型面积在80~100平方米的单位较受欢迎；而档次较低的楼盘中，80平方米以下的单位较为热销。

信息三：楼盘户型配比

楼盘户型配比是指各户型在总货量中所占的比例。在日常的调查中，掌握户型配比信息要达到科学意义上的精确同样存在一定的难度，需要多方面地调查并经过详细统计后才能得到该楼盘的最终大致户型比例。

（1）户型间隔配比的调查

首先，调查每幢楼宇各标准层的户型结构。如果是"工字形"结构的一梯四户，那么就要调查是采取每层两房、三房单位各两套，还是采用三房单位三套、两房单位一套的分布形式。当然并不一定一幢楼宇各层的户型结构都一样，这需要情报人员在调查中细心收集该楼宇的全部户型资料。

其次，调查各幢楼宇的楼层，楼层的差异也影响了各户型的供应货量。一般楼宇的开发类别分为多层、小高层、高层或者三者的相互组合。

Chapter three

专题研究：分析情报搜集重要渠道——踩盘

在此基础上再进行具体的整理统计，计算出各户型的具体套数及所占百分比。

（2）户型面积配比的调查

这里的户型面积是指建筑面积。户型面积配比是在户型间隔比例基础上的进一步细分，一般在规划项目户型定位时，基于满足不同客户的需求，相同的户型间隔其建筑面积不一定一样，比如三房两厅，有90~100平方米的小三房，也有100~110平方米、110~120平方米、120~130平方米等大三房。调查户型面积配比就需要获得该楼盘户型的所有建筑面积资料。

广州某楼盘面积配比表

户型间隔	建筑面积（m²）	套数（套）	各面积配比（%）
一室一厅	50~60	80	12.9
两室两厅	65~75	100	16.1
	75~90	160	25.7
三室两厅	90~100	120	28.9
	100~110	90	14.5
复式	130~150	12	1.9
合计	—	562	100

（3）本期推售单位及总货量的户型配比的分析

许多刚入行的情报人员通常将本期在售单位作为该楼盘的户型配比参考数据。比如，某个楼盘本次推出小户型单位，但不代表该楼盘的所有货量都是小户型，如果拿本次推出的小户型间隔比例来反映整个楼盘的户型间隔，明显代表性不强。

对于大中型楼盘，就需要在把握该楼盘本期推售单位的基础上进一步了解该楼盘的"已售"及"未推"单位的户型配比。此时就需要了解该楼盘其他货量的户型，可以通过目测现场总体规划模型的建筑单体特征或者跟销售人员攀谈，估测该项目的总体户型配比情况。

户型配比调查

——哈尔滨开发区户型面积一览表

一、区域内项目户型综合统计

区域内项目户型统计

户型	所占比例(%)	户型	所占比例(%)
四室三厅两卫	5	三室两厅两卫	8
四室两厅两卫	12	三室两厅三卫	2
四室两厅三卫	2	两室两厅两卫	15
三室三厅两卫	47	两室两厅一卫	9

哈尔滨高端市场的最主流户型为三居，三室两厅双卫约占市场份额的一半左右，大体格局包括：

——一个配独立卫生间的主卧室；
——两个次卧室（或一个次卧室和一个书房）；
——一个较大的客厅，有时可以再增加一个可做宴会的饭厅；
——一个面积较大的厨房；
——一个次卫生间。

除了三居之外，普通两居室的比例也较大，约占整个市场的35%，此外四居和一居住宅的比率在15%左右。

二、主流产品面积——使用面积为100~120平方米左右

1. 两居室

使用面积在65~95平方米之间，中高档住宅中最为大众接受的两居室的使用面积在80~85平方米之间。

2. 三居室

使用面积在85～130平方米之间,目前市场上中高档住宅多将三居室的面积放大,因此三居室有两种结构:舒适型的三居室面积可以控制在100～108平方米之间,豪华型的三居室的使用面积基本上在120平方米上下浮动。

3. 四居室

采用三个卧室一个书房的结构,有时还会增加一个面积在4～6平方米的工人房,舒适性大大增强。市场上豪华四居室多出现在多层或高层板楼中,使用面积基本上在130平方米左右。

三、开发区内住宅项目户型面积配比

户型面积被逼

面积(m²)	60～75	76～80	81～100	101～115	116～120	121以上
比例(%)	7	5	14	14	21	39

三、踩盘后：进行资料整理

回公司后立即整理资料，以免忘掉刚得到的信息，甚至在回公司或是去下一个项目的路上就开始记录。不确定的信息可以马上打电话再确认一下，如果对方不提供新的信息，那就自己或是同事再去一次。不要总在电话中询问，销售人员接听电话有规定的时间，无法回答太多，最希望的是让购房者去他们的现场，问太多也会引起对方的怀疑。除非你与销售人员的关系非常好，他才会在电话中详细解说。搜集完资料后要将众多的楼盘数据以文本的形式加以整理记录及统计。

1. 楼盘调查表

踩盘后需填写楼盘调查表，按调查表的格式录入楼盘各项具体内容及数据（楼盘调查表格式见课程6第二节"地产竞争情报专题类表格"）。

2. 个案分析

楼盘调查表着重于对竞争项目楼盘各项数据信息的收集，而个案分析是基于楼盘调查表及本次踩盘基础上的分析研究，结合市场实情、竞争项目及本项目楼盘作全面的综合分析，从而了解本项目的主要卖点、目标客户群、项目优势、项目劣势，并进行综合分析。

Chapter three

专题研究：分析情报搜集重要渠道——踩盘

相关情报

| 情报观点 |

踩盘的目的是获取竞争对手的相关信息，做到知己知彼才能在激烈的市场竞争中取胜。

| 情报运用 |

了解项目的基本情况、优势分析、营销推广方案，从而确定阻击策略。

| 超级链接 |

要想了解更多房地产前沿资讯，获得更多项目管理信息，那么就赶快配置一把财富金钥匙。
网址：dichan.sina.com.cn　　邮箱：winfangbook@winfang.com　　电话：020-61073242

踩盘报告范本

——"未来城"踩盘分析报告

一、项目基本情况

项目基本情况

项目名称	遂宁花园·未来城	项目位置	遂宁花园北大门
项目类型	以住宅为主，辅以少量商业	联系电话	
发展商	北兴实业、兴和地产	营销策划	深圳君悦华诚
工程进度	开盘期	2006年6月份接受咨询	排号	500人登记，200人排号
占地面积	9.8万m²	总建筑面积		—
容积率	2	绿化率	50%	覆盖率	—

续表

一期住宅套数	1000套，为4幢27层电梯高层（面江），4幢12层小高层（面江），4幢多层（靠近公路，与"遂宁花园"相对）			
付款方式	按揭付款、一次付清、分期付款			
建筑风格	一期为现代高层，二期为多层和小高层			
园林风格	山水园林，中央集中绿化，水体气势较强			
规划风格	东西、南北方向大道分割地块			
项目配套	有少量的商业地产			
周边配套	学校	开发区高级实验学校、本杰明国际双语幼儿园		
	购物	金玉满堂、开发区农贸市场		
	医院	开发区人民医院		
	交通	1、2、3、4、17路公交车		
物业管理公司	北兴物业管理公司		管理费	较低
目标客户群	居家型的中端客户群			
人流量	现阶段的人流较少			
推广卖点	自然生态、人文生态			
核心主题、诉求核心	双生态国际城邦			
	定义未来居住标准			
	领舞遂州，畅享未来			

二、项目分析

1.项目优势：规划设计、建筑风格方面具有优势

项目优势

项目优势	具体内容
优势一	土地面积较方正，靠近江边，有大盘的气象，有较强的操作空间。从规划情况看，临江的土地都做成看江的带电梯的高层住宅，在遂宁，看江的房子受到大多数人的青睐，将土地做成多层和小高层围合的形式，价值得以体现
优势二	开发商曾经成功地开发了"遂宁花园"，作为遂宁较早的多层花园洋房的开发者，有较强的资金实力和项目运作能力。并且该项目正好与"遂宁花园"相邻，由于一些区域配套的建设，该区域景观和生活配套都有了一定的改观
优势三	建筑群在规划上，有高层、小高层、多层住宅以及少量商住相结合的项目，整个项目规划比较大气。建筑本身的布局呈流线型，曲线优美，有较强的运动感，视觉效果较好，中亭的面积较大，形象较好，加上"遂宁花园"的示范作用，为项目提供了较好的支撑
优势四	项目名称大气，有较强的冲击力，案名和地段、产品能够较好地联系，为项目推广做了一定的铺垫

2.项目劣势：区位偏远，销售现场包装不理想

项目在规划上，容积率过高，建筑的楼间距过近。沙盘模型过大，想看里面的结构比较困难。没有户型模型，对销售有一定的影响。

项目靠近城北，区位比较偏远，周围的生活配套还没有完全做起来，加上现在的发展方向是河东，对于该项目来说也有一定的冲击。

产品形象不够鲜明。从沙盘外观上看，楼盘的颜色视觉感不强，没有大未来的霸气和形象感觉，当人看了沙盘后对未来的联想较少。

销售现场包装不够理想。首先，外墙上有很多地方已破损但没有修理，使得整体感觉显得生硬，有损形象；其次售楼部的包装过于粗糙，外面的景观没有较好地清理；第三，销售人员现在还是穿着米白色春装，状态不是很好。

三、营销推广

营销推广

注意事项	具体内容
事项一	项目推广现在处于缓和时期，在2006年10月会发起较大的攻势。从接受咨询排号到现在，除了户外广告和部分日报广告外，没有其他的造势动作，前期的形象宣传还不够充分
事项二	宣传折页不够精致，户型图还没有出来，动作比较缓慢
事项三	推广主题为"双生态国际城邦"，这个主题宣传在遂宁还是有点超前和空洞，提及的人文生态、自然生态和项目联系不大，同时和项目建筑、景观产生的联想效果不明显
事项四	沙盘模型的比例较大，加上楼盘的楼间距较小，所以看上去比较阻挡视线
事项五	售楼处没有户型的模具，对于选购和排号不利

四、阻击策略

在阻击的同时，必须清醒地看到，对于"未来城"来说，"凯丽滨江"不是主要的竞争对手。因为，想在"凯丽滨江"买房的业主一般在遂宁多为中上阶层，"未来城"的地段和周围环境以及整个遂宁的发展方向都向购房者说明这不是中上阶层最好的选择，反而"凯丽滨江"周围的项目才是分流的对手，其中"金港湖畔"紧邻"未来城"。由于现在"未来城"的价格还没有完全出来，"金港湖畔"相关的措施还很难出台。从"金港湖畔"购房人群可以看到，按揭的人比较多，收入水平偏低，三室的大户型明显销售不畅，所以现在的销售策略是一方面挖掘一些中等客户，另一方面采取变相的促销销售。

到目前为止，"未来城"的户型并没有设计出来，其他的宣传推广还没有较大动作，计划在2006年9月、10月强势采取宣传动作来吸纳客户。

第二节
掌握踩盘的两大技巧

情报快递

1.首先得学会观察环境,按照具体环境情况想好观察的方法。如果观察地点较小,为免被观察人员怀疑,踩盘者可以与其他看房者一起进入,或者观察地点没人的时候,先从外围环境开始观察,再看内围环境。

2.保持仪态举止自然大方,穿着适当休闲一点,心态要平和自信。适当表现得"傲慢"点,要暗示自己:我是客户,我是来购房的,销售人员理应以客为尊。

3.接受销售人员的引导入座后,会交换名片,然后了解你的个人家庭状况等信息,以便介绍产品,所以踩盘者要把准备好的需要了解的信息全部传达给对方销售人员,以便让她更好地介绍;

4.如果太细致地问问题会令对方生疑。销售人员希望与你拉近距离,你可以趁机多了解对方,博得好感,使对方更信任你,下一次再来可以取得更多、更真实的信息。

情报口诀

1.察言观色;2.信息收集;3.现场行为;4.常规经验。

· 经典语句 ·

对企业生存和发展影响最大的因素就是竞争对手,这种直接的互动关系决定了竞争对手分析在外部环境分析中的重要性。 企业竞争对手有现实的和潜在的,由于涉及的专业领域较广,竞争对手情报分析是竞争情报分析过程中的重点和难点。

Chapter three

专题研究：分析情报搜集重要渠道——踩盘

技巧一：了解踩盘的常规经验

1. 进场学会观察环境，并保持仪态大方

首先得学会观察环境，按照具体环境情况想好观察的方法。如果观察地点较小，为免被观察人员怀疑，踩盘者可以与其他看房者一起进入，或者观察地点没人的时候，可以先从外围环境开始观察，再看内围环境。

保持仪态举止自然大方，穿着适当休闲一点，心态要平和自信。适当表现得"傲慢"点，要暗示自己：我是客户，我是来购房的，销售人员理应以客为尊。

2. 认真观察，准确记忆

首先按实际环境确定最佳的观察顺序，以便进行有条理及完整的观察记录；其次得记清楚观察的任务；再次应注意采用适当的记录技术，准确、及时地记下转瞬即逝的宝贵信息及事项，这样能加快调查工作的进程。在观察过程中情报人员敏锐的观察力和良好的记忆力显得尤为重要。

3. 表现自然，保护身份

踩盘的情报人员要具备过硬的心理素质。在观察时要保持一颗平常心，不仅表现自然，还要应答自如，时刻注意掩饰好自己的身份。在观察时，调查对象如果没有意识到自己被人观察，踩盘者就可以自由地行动；但如果他们知道正在被观察而有异常的表现时，为免在实际操作中暴露身份，就要安全撤离现场，尽量不影响下一个踩盘人员的行动。

4. 把握话语权，少用专业语言

第一，要善于随机应变。通常现场观察的时间比较长，就需学会找借口、想办法，以达到延长观察时间的目的。

第二，踩盘者言谈对话应自然冷静。把所要问和被问的问题想好，做到应对自如。

第三，把握谈话的话语权。不是与销售人员聊天，而是有目标地洽谈，要记住自己的谈话动机和要了解的内容，要让销售人员跟着自己的思路走。

第四，少用专业术语。容积率、绿化率、进深、层高、得房率、玄关、板式户型等专业术语如果一再出现，销售人员就会马上起疑心。虽然现在的买房者都比以前的买房者多了很多楼盘知识，但是还是尽量少用，以免弄巧成拙。

5. 休息时间和分析报表时间不去踩盘

①上午9点以前不要去，因为此时很多销售人员要打扫卫生和开每天的清晨例会；

②中午午休和就餐的时间不要去，这个时间段销售人员最疲惫，状态全无，此时去无异于找脸色看；

③下午5点30分以后不要去，这个时间段销售人员要么填写当天各种分析报表，要么就要开始培训或者开每天的情况分析例会。

只要避开上述三个时间段，在销售人员清闲的时间，不和人家接待客户的主要时间冲突的情况下，你就能了解很多情况。

踩盘扮演角色

调查方式	沟通方式
扮演假客户	初步扮演假客户市调最容易收集全面信息
同业调查，直入调查	单刀直入的同业调查最难，必须对专业素质极高的项目销售人员采用。客气地说："同行，向你们学习，如果方便的话，请做讲解。"从而达到资料共享、互换，结交同业朋友的目的
同业调查，半真半假	以同业身份半真半假市调较易得到内部真实消息。可以说"我们开发的是商铺，但我个人需要的是住宅"、"是同行，但真的是来买房的"、"朋友认为我很专业，请我帮他看看"等

（1）假扮客户

踩盘人假扮客户大都出于这样的想法：我把自己当成一个准客户，即使接待员看出我是踩盘的，只要我不说，他总是会抱有一丝的幻想，我表明了身份，他就什么幻想也没了。

假扮客户需准备的内容

准备事项	具体内容
尽量多留个人信息	尽量多地把自己的信息留给销售人员，便于随时接到对方的新信息。去现场时做到事出有因，比如："我以前就对你们的项目感兴趣"
设定自己的身份	公司团购：需要按级别搭配各种户型几个朋友一起买房；为多人轮流调查做铺垫；自己买房；同事同去假扮夫妻
了解楼盘的方式	提前预约；路过；看到广告；听朋友说的

（2）直接表明同行的身份

一般情况下情报人员明示身份，在深圳等房地产发展比较成熟的区域大多情况下还是能得到优待的，同行之间的理解和帮助多过了猜疑和不满，当然，亮身份也有例外情况，如果你在被踩盘的项目有熟人，又不便于打招呼，你就可以找个借口以闲聊或学习的口吻了解情况，比如，我认识贵公司的老总，因为某事需要到其项目踩盘，对于这种小事其实是没有必要和老总打招呼的，直接向您了解就行。

Chapter three
专题研究：分析情报搜集重要渠道——踩盘

另外一种情况就是你是管理层的或者决策层的，你可以直接找被踩盘的案场销售经理，讲明来意，同行进行信息沟通，你需要信息时也可找我，做到双赢，皆大欢喜，正所谓"没有永远的敌人，只有永远的利益"。

6. 踩盘一定要准备好相应的设备和交通工具

很多管理层已经认识到了解竞争对手信息对自己项目的重要性，因此为了获得足够的信息，对踩盘者进行全方位的武装，为了防止和销售人员经过长时间的交流后无法记住全部的信息，就要配备微型录音笔；为了便于存储有价值的图片资料和不能笔录的资料，就要配备带有摄像功能大容量的手机（如果要记录楼盘的工地现场状况和楼盘实景，可以携带微型数码相机。记住，是微型的，而不是大型的数码相机）；为了便于携带很多资料，一定要带可以把要收集的资料全部容纳的手提袋或者夹包，切记，不可拿着很多的楼书四处走动；如果要调查高档楼盘，尽量不要坐公交车去，也不要穿着几十元的廉价服装，最好由公司派专职司机载踩盘者去踩盘。说到底就是你尽量使自己和你要去踩盘项目的客户身份特征、消费习惯、言谈举止相吻合。

技巧二：明确踩盘的现场行为

1. 伴随销售人员接待观察楼盘信息

（1）入门前自如应对各式接待方式

入门后通常会有销售人员迎接："您好！欢迎光临！您是第一次来吗？"按常规回应即可。较有气势的现场，会在购房者进入时全场大喊："欢迎光临"。这是一种惊吓客户的手法，销售人员希望客户受到惊吓后从心理上依赖他们。

（2）引导入座后，根据假定身份了解信息

接受销售人员的引导入座后，会交换名片，然后了解你的个人家庭状况等信息，以便介绍产品，所以踩盘者要把准备好的需要了解的信息全部传达给对方销售人员，以便让她更好地介绍。当要了解的产品较多时，可以保留性地把信息传达给对方。

传达两人结婚买房的信息，销售人员会介绍一、二室产品；
传达与老人一起住的信息，销售人员会介绍三室产品；
传达有孩子的信息，销售人员会介绍复式或建议多买几套房；
传达老人的钱可能不想买住房的信息，销售人员会介绍商铺。

（3）在沙盘、模型处了解项目基本情况

销售人员按照经验判定你需要掌握的信息后，会带你去看沙盘及模型，这时可以了解到产品的整体状况、楼宇的排列、景观的分布、人行通道、车行通道、建筑网络、内外配套、未来周边规划等信息。

（4）带看样板房、实品屋时了解项目格局

了解实物的功能、建材使用品牌、户型实际状况、电梯性能、公共空间、平层各户型的组合。

（5）带看景观时了解景观规划

景观规划的功能，采集其中的亮点。了解水景植被的分布，休闲区、儿童区与运动区的分布，是否有假山、雕塑、瀑布、喷泉等。

在这一系列楼盘带看过程中，踩盘者需重点观察市场上未出现的户型、规划设计、配套设施、新工艺、新技术、会所的配套收费标准等重要信息。

2. 通过问与听深入了解项目资料

①销售人员了解基本状况后会对你所感兴趣的问题作详细的解说，并将项目的优势向你推荐，此时踩盘者可以对想要了解的信息进行询问，但最好不要用专业术语。

②通常销售人员会极力推荐一两种户型给你，最多会向你推荐三种。因为他们不想给你太多选择，所以不必从语言上认可，让他们无法了解你的所想，就会介绍得更多，推荐得更多。多次踩盘时可以有计划地区分所调查的产品，每人分工调查几种，便于资料的全面性搜集。

③在现场通常会有销售量的展板（公开的销售表），销售人员会告诉你："看，我们卖掉很多了，推荐给你的户型很受欢迎。"这时也是你得知销售量、客户来源的时机，可以从各个角度询问销售："某某单位有来买的吗？""业主的素质怎么样？""来这里买房的都是干什么的？""买房做投资的人多吗？"等。

④但销售人员告诉你某一户型已被订完时，有可能是销售控制。当你表示对那种产品非常感兴趣时，几天后销售人员会通知你"可以订购"，这样就了解到此户型是真的卖完还是销控了。

3. 离开时也要完美收尾，不露马脚

如果太细致地问问题会令对方生疑。销售人员希望与你拉近距离，你可以趁机多了解对方，博得好感，使对方更信任你，下一次再来可以取得更多、更真实的信息。

离开时要夸赞人，不要夸项目，为的是让销售人员喜欢你，但觉得你对项目不了解、不信任，下次还会更努力、更深入地介绍。

如果销售人员送你离开，没有车接时就打车离开，踩盘者少有打车的，所以这样真实感更强（当然是对于中高档的项目来说的）。

Chapter three
专题研究：分析情报搜集重要渠道——踩盘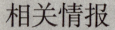

相关情报

情报观点
竞争对手分析的实质是围绕着竞争对手所作的情报研究，是竞争情报研究的核心内容。

情报运用
竞争对手的情报研究是一个系统分析的过程，涉及竞争对手分析的过程，如何识别确认竞争对手，应该关注的竞争对手的战略问题是什么，应针对哪些方面搜集对手的信息等相关问题。

超级链接
要想了解更多房地产前沿资讯，获得更多项目管理信息，那么就赶快配置一把财富金钥匙。
网址：dichan.sina.com.cn　邮箱：winfangbook@winfang.com　电话：020-61073242

透视企业竞争对手

1. 竞争对手分析的六个步骤

在市场竞争中，为了全面地搜集信息和具体地分析竞争对手，一般按照下面六个步骤进行竞争对手分析。

步骤一：识别并确定竞争对手

竞争对手的确认与识别是竞争对手分析的基础。竞争对手的识别就是通过搜集相关信息判断行业内外的主要竞争对手和可能的潜在对手。"观察谁？忽视谁？"是企业进行竞争对手分析时必须首先作出的判断。随着行业竞争的加剧，随着全球经济一体化的大趋势，正确地确认并识别竞争对手尤其关键。若竞争对手范围过大，就会加大企业监测环境信息的成本；若竞争对手范围过小，则可能会使企业无法应付来自未监测到的竞争对手的攻击。

步骤二：识别与判断竞争对手的目标与假设

竞争对手的目标及对其自身条件和产业本质的假设决定着竞争对手的行动。通过对竞争对手目标的分析，可猜测每位竞争对手对其目前地位和财务状况是否满意，预测竞争对手对战略变化的可能反应，帮助企业制定一种既能达到目的又能不威胁竞争对手位置的竞争战略。了解驱使竞争对手的动因是识别竞争对手目标的出发点，重点体现在企业的获利能力、市场占有率、技术领先和服务领先等方面。

竞争对手的假设是指竞争对手对自己的假设和竞争对手对行业及行业内其他公司的假设。假设指导着公司的行动方式和对事物的反应，竞争对手的正确假设可以使其对市场正确反应，抓住市场机会；不正确的假设常常导致其市场占有率下滑或利润下降。

竞争者目标和假设的信息存在于竞争者的生产经营历史和竞争者管理层的背景中。

步骤三：确认并判断竞争对手的战略

通过竞争对手现行战略的确认可以了解竞争者现在在做什么和将来能够做什么。在分析竞争对手的未来目标和假设的基础上，进一步分析其现在如何参与竞争，从而决定企业自己的具体行动。竞争者的战略取决于竞争者的竞争目标和在市场中的位置。围绕着竞争者是否具有一个持续一致的战略发展方向，是否长期集中于降低成本、致力于产品及服务的差异化，是否通过市场开发、产品开发来保持战略的一致性等问题开展信息的搜集，经过进一步的分析，确认竞争者的战略。

步骤四：评估竞争对手的实力

竞争对手实力的评估是判断竞争者的战略能力或竞争力的基础，知己知彼，也是参与市场竞争的必要准备。竞争对手的实力取决于其拥有的资源和对资源的利用与控制，企业的资源主要是指实物资源、人力资源、财务资源及无形资产资源等方面。相对来讲，收集竞争者的资源及其利用能力方面的信息比较困难，一般情况下，可以通过两种途径进行：其一，通过公开的信息源进行收集，如收集每个竞争者的近期业务数据，然后根据销售额、市场份额、边际利润、投资收益、现金流量等数据信息判断竞争者的优势及劣势；其二，通过调查法对顾客进行直接调查，了解公司在顾客中的心理占有率、情感占有率，竞争者产品的优劣。

在对竞争者目标及战略的识别的基础上，根据上述两种途径获得的信息，结合行业比较分析，洞察信息的变量趋势，预测竞争对手实力的变化，并找出本企业可以学习或超过的方面，或发现在适当时机可以攻击的竞争对手的劣势。

步骤五：预测竞争对手的反应模式

竞争者的反应模式取决于竞争者对其目前地位的满意程度。那些对目前地位满意的竞争者往往对行业或外部环境变化的反应迟钝，不热衷于改变已取得的业绩，不愿冒险去开发新产品，一般会采取保守的反应模式；而对当前地位不满或竞争意识强烈的竞争者，当其竞争目标或主要目标市场遭受威胁时，其反应会很强烈，常常采取寸土必争的反应模式。在前述的信息收集基础上，围绕着"竞争者哪里易受攻击"、"什么将激起竞争者最强烈和最有效的报复"进行信息的收集、分析和研究，可以帮助企业制定正确的决策。而围绕着"竞争者将做什么行动或战略转移"进行有关的信息分析，可以判断那些对当前地位不满意的竞争者的市场活动。

Chapter three
专题研究：分析情报搜集重要渠道——踩盘

步骤六：选择要攻击或回避的竞争对手

经过前面的信息研究，对要攻击或回避的竞争对手进行选择。当外部环境和行业环境将要发生变化时，找出那些可能会仍抱有原有战略的竞争对手，攻击其准备不足、热情不足或竞争者最发怵的细分市场或市场战略，使竞争对手处于目标混淆或自相矛盾之中，对手由于受过去和现行战略惯性的影响，在当前情况下即使想报复也无法展开。如果竞争对手可能对发起的进攻进行报复，则公司的战略要点就是要选择最佳战场与竞争者作战，而对那些可能报复强烈、市场反应较敏感的竞争对手，适当地回避是必要的。

2. 竞争对手的识别与判断

根据企业参与竞争的过程可知企业竞争的结果取决于其所处的产业结构、参与的市场状况以及产品优势，因此可以依据行业的标准、市场的标准来识别与判断竞争对手。

对于企业来讲，依据行业标准划分竞争对手比较容易。然而，对于在多个目标市场或多个区域销售产品的企业，由于销售的区域或目标市场的不同，依据行业标准可以寻找出许多竞争对手。但在每个目标市场或区域中，主要的竞争对手与其他对手是有所区别的。依据市场的标准划分竞争对手比较难，而且随着新技术的开发与利用，新产品层出不穷，企业如果不及时依据市场的标准找出潜在的竞争对手，可能就会在竞争中遭到对手的攻击。因此，密切地关注消费者需求动向和新技术、新产品开发信息，及时地进行信息的加工与分析，作出科学的判断是利用市场的标准确定竞争对手的基础。

依据上述识别竞争对手的标准，可以将竞争对手按现在到将来的顺序划分为当前的竞争对手和潜在的竞争对手两类。

3. 竞争对手的确认

确认当前的竞争对手和潜在的竞争对手并跟踪观察，也就是决定观察的具体对象和观察的内容，是竞争对手分析的关键步骤。我们可以采用观察法通过定性分析确认竞争对手和潜在的竞争对手，也可以采用下面所述的标准确认，然后分析当前的竞争对手与潜在的竞争对手给企业带来风险的大小，根据风险的大小进行排序，找出它们的共同点，并分析出影响竞争决策的关键因素。

（1）确认当前的竞争对手

一般，当前的竞争对手是依行业的标准确认的，并不能够将行业内的所有企业作为竞争对手。找出确认当前的竞争对手的具体标准，并在此基础上，企业以自己作为基准，才能把握当前的竞争对手的界限，评估出当前的竞争对手的候选者，确认的具体评估标准来自于产品与服务的相对的竞争力。

根据上述标准，进行信息的收集，找出能够评价的定量和定性指标，由参与评价的专家小组成员判断与分析，最后列出候选者。

（2）识别和确认潜在的竞争对手

新的竞争者总是产生于潜在的竞争对手或竞争环境之中，因此，识别和确认潜在的竞争对手对于企业的成功与发展是极其关键的。识别和确认潜在的竞争对手需要有规律地不断地监测来自再生源和初始源的关于竞争环境及竞争对手的信息，观察使环境监测器发生变化的突发事件及相关因素。在此基础上，根据下列主要标准确认潜在竞争对手的候选者：竞争对手威胁本企业产品市场的程度有多深；对手进入市场成功的可能性；威胁的直接性——进入市场可预测的时间表；对手关键的核心能力在本行业的应用程度；强于自己的显著优势。

4. 竞争对手情报研究的核心内容

产品——在每个细分市场中产品的地位、产品系列的宽度和深度。

代理商/分销渠道——渠道的覆盖面和质量；渠道关系网的实力；为销售渠道服务的能力。

营销与销售——营销组合诸方面要素的技能水平；市场调查与新产品开发的技能；销售队伍的培训及其技能。

运作——生产成本情况；设施与设备的先进性和灵活性；专有技术和专利或成本优势；生产能力扩充、质量控制、设备安装等方面的技能；劳动力和运输的成本；劳动力状况，工会情况；原材料的来源和成本；纵向整合程度。

研究和工程能力——专利及版权；企业内的研究与开发能力；研究及开发人员在创造性、简化能力、素质、可靠性等方面的技能；与外部研究和工程技术的接触。

总成本——总相对成本；与其他业务单位分担的成本或活动。

财务实力——现金流；短期和长期借贷能力；在可预见的将来获取新增权益资本的能力；财务管理能力等。

组织——组织中价值观的统一性和目标的明确性；对组织的近期要求所带来的负担；组织安排与战略的一致性。

综合管理能力——首席执行官的领导素质和激励能力；协调具体职能部门或职能集团间关系的能力；管理阶层的年龄、所受培训及职能方向；管理深度、灵活性和适应性。

公司业务组合——公司在财务和其他资源方面对所有业务相关环节的有计划变动提供支持的能力；公司补充或加强业务单位的能力。

5. 竞争对手分析的具体问题

核心能力——竞争对手在各职能领域中的能力；竞争对手在其战略一致性检测方面的表现；随着竞争对手的成熟，这些方面的能力是否可能发生变化。

成长能力——竞争对手成长的变化情况和表现的领域；在人员、技能和工厂能力方面，竞争对手发展壮大的能力的变化；从财务角度看，竞争对手能持续增长的方面。

快速反应能力——竞争对手迅速对其他公司的行动作出反应的能力或立即发动进攻的能力。

适应变化的能力——竞争对手的固定成本对可变成本的情况；尚未使用能力的成本；竞争对手适应各职能领域条件变化和对之作出反应的能力。

持久力——竞争对手支撑可能对收入或现金流造成压力的持久战的能力大小。

此外，在竞争对手情报研究中，要根据不同的研究目的和研究范围确定信息搜集的具体内容、信息搜集对象的数量和信息分析的方法。

《地产高管情报分析兵法》 Chapter four 课程4

分析类别：对企业所需各类重点情报进行研究

CHAPTER FOUR ↘

>>> >>>

分析类别：对企业所需各类重点情报进行研究

1

企业管理：确定分析要点，拟定

分析维度

笼统地说企业进行竞争对手分析，就可能出现"盲人摸象"的现象，其实际效用将会大打折扣。因此，企业首先应确定实施竞争对手分析的维度，从而确定从哪里入手进行竞争对手分析最为有效并对公司的决策更有帮助。

2

宏观市场：宏观大势

预判和分析

深刻理解宏观环境的，才可能将房地产的市场调查做得更深入。对房地产市场的调查有许多方法，企业市场调查人员可根据具体情况选择不同的方法。

3

竞争项目：甄选竞争对手，掌握

项目信息

对单个楼盘特别是竞争项目楼盘进行信息搜集是房地产市场调查的基础，它不但是新进员工接触房地产知识的第一课，而且也是任何资深人员对房地产市场即时了解最为具体、最为直接的途径。

4

消费者：明确调查要点，设计

市调报告

随着社会需求呈现出多层次的特点，企业必须根据区域、人口、心理、行为等因素进行市场细分，依照自身的实力及项目的具体情况，选择某一特定的目标市场，量化目标消费者，为满足或引导这个市场的需求而有针对性地进行设计、建造、营销。

第一节

企业管理：确定分析要点，拟定分析维度

情报快递

1. 企业首先应确定实施竞争对手分析的维度，从而确定从哪里入手进行竞争对手分析最为有效，对公司的决策更有帮助；

2. 企业建立一套能够有序地采集和记录竞争对手信息并能随时调用的体系——竞争对手信息搜集系统，在资料搜集的基础上，企业应当对资料进行经常性的专门研究；

3. 通过对竞争对手一些重大经营活动的记录，可以分析对手在市场竞争中的态势和在竞争中将会采取什么样的行动和反应；

4. 企业的管理风格和方法也会对其战略和经营行为产生影响。

情报口诀

1. 确定维度；2. 采集信息；3. 掌握工具。

· 经典语句 ·

在当今经济全球化的市场经济条件下，竞争愈演愈烈。企业欲生存发展，就要采取有效的竞争战略，了解企业所在行业和市场以及参与竞争的对手，这些是企业经营者们必须考虑的重要课题。

一、理清竞争对手分析的主要内容

从总体上讲，企业做竞争对手分析，大体包括以下几个方面：

竞争对手分析

分析事项	分析内容
确认公司的竞争对手	广义而言，公司可将制造相同产品或同级产品的公司都视为竞争对手
确认竞争对手的目标	竞争对手在市场里找寻什么？竞争对手行为的驱动力是什么？此外还必须考虑竞争对手在利润目标以外的目标以及竞争对手的目标组合，并注意竞争对手用于攻击不同产品/市场细分区域的目标
确定竞争对手的战略	公司之间的战略越相似，竞争越激烈。在多数行业里，竞争对手可以分成几个追求不同战略的群体。战略性群体即在某一行业里采取相同或类似战略的一群公司。确认竞争对手所属的战略群体将影响公司某些重要认识和决策
确认竞争对手的优势和弱势	需要收集竞争者几年内的资料，一般而言，公司可以通过二手资料、个人经历、传闻来弄清楚竞争对手的强弱，也可以通过顾客价值分析来了解这方面的信息
确定竞争对手的反应模式	了解竞争对手的目标、战略、实力，都是为分析其可能采取的竞争行动及其对公司的产品营销、市场定位及兼并收购等战略而作出的反应。此外，竞争对手特殊的经营哲学、内部文化、指导信念也会影响其反应模式
最后确定公司的竞争战略	包括商业模式、战略规划、发展方向、企业远景等

二、确定竞争对手分析的四个维度

在当今企业规模越来越大、国际化程度越来越高的市场环境下，企业进行竞争对手分析，在没有确定在哪个层级、什么类型、哪些顾客和市场范围、什么时间跨度内进行竞争对手分析之前作对手分析，就可能出现"盲人摸象"的现象，其实际效用将会大打折扣。因此，企业首先应确定实施竞争对手分析的维度，从而确定从哪里入手进行竞争对手分析最为有效，对公司的决策更有帮助。

1. 决策层级维度：由经营决策层确定实施竞争对手分析任务

进行竞争对手分析前应该确定的第一个维度是决策层级维度，即由企业的哪个经营决策层确定实施竞争对手分析任务。不同层级的经营管理者所作的竞争对手分析涉及的内容应该有所区别。例如，房

Chapter four
分析类别：对企业所需各类重点情报进行研究

地产策划代理公司的竞争对手分析的主要目的是如何在代理竞标中取胜；而房地产销售部经理的竞争对手分析主要会涉及对手产品的价格并预测和评估其新的价格策略；事业部或战略经营单位的经理作竞争对手分析是为了使该部门确立其在市场上的位置；地产总裁所进行的竞争对手分析可能是为了企业的兼并、收购或扩张等战略目的。

只有确定了是哪个决策层级进行竞争对手分析之后，才能确保竞争对手分析的针对性和实用性。

2. 决策类型维度：可区分为操作类型、战术类型和战略类型

在确定竞争对手分析的决策层级维度的同时，还可以将其以决策类型进行区分，如操作类型、战术类型和战略类型三种，这就是决策类型维度。一般来讲：高层管理者关注的是战略类型的竞争对手分析，中层职能部门经理更关心战术类型的竞争对手分析，而一线管理者最关注操作类型的竞争对手分析。

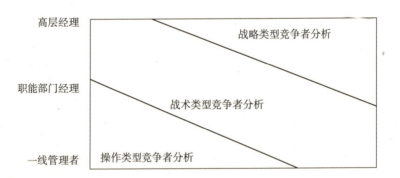

3. 市场/顾客范围维度：对顾客和市场作详细的定义和描述

作竞争对手分析时需要考虑的第三个维度是顾客和市场范围维度，即对顾客和市场作详细的定义和描述。顾客和市场范围的确定对于分析成果的使用价值至关重要。例如，一个房地产开发企业对在本地的客户群及市场范围内的竞争对手进行分析与对其他城市的客户群体及市场范围内的竞争对手作分析的结果是不同的。

4. 时间跨度维度：分析未来发展会达到何种程度

确定竞争对手分析的时间跨度范围也是该项工作的重要内容。竞争对手及其行业的历史分析追溯到哪里，其未来发展的分析达到何种程度，这些都是需要考虑的问题。例如，一个房地产开发企业是对竞争对手近几年的销售价格动态进行分析，还是仅对该年某一时段的价格走向作分析，以确定明年或今后几年的竞争策略，这些都是竞争对手分析中要首先明确的内容。

三、熟知竞争对手分析的两大"杀手锏"

在上述方面确定之后作竞争对手分析，首先要对已经确定的竞争对手进行持续的跟踪了解，搜集对手的信息，尽可能掌握对手的经营动向及其可能对本公司产生的影响；此外，也可以进行反向思考，即本公司的经营策略可能对竞争对手产生哪些影响。这就需要企业建立一套能够有序地采集和记录竞争对手信息并能随时调用的体系——竞争对手信息搜集系统，在资料搜集的基础上，企业应当对资料进行经常性的专门研究。例如，某房地产公司拟将某个竞争对手作为收购对象或作为战略合作伙伴时，需要对相关资料进行分析研究。竞争对手信息搜集的另一个作用是，与竞争对手进行经营管理业绩和能力的分析比较，以促使自己改善企业的管理和业绩。

杀手锏一：建立竞争对手信息采集分析系统

竞争对手信息采集分析系统包括企业经营管理的方方面面信息的采集。下面仅给出该系统一些主要方面的参考内容，以提供一个建立该系统的方法和思路，根据企业自身的实际情况进行设计和操作。

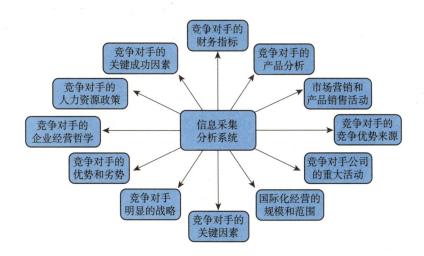

Chapter four
分析类别：对企业所需各类重点情报进行研究

（1）竞争对手的财务指标

对对手的财务指标作记录的原因是，有些关键财务数据能够反映出对手最近的经营状况。需要说明的是，很少有大的企业只做单一业务，尽管有的做单一业务，但可能是一个跨国公司，因此在财务指标信息表中设置了集团、部门和单位等栏目，还可以根据对手的经营组织情况分出其他的栏目。假设把现代汽车作为竞争对手进行分析，"集团"栏目应属于现代集团的内容，"部门"栏目应反映现代汽车在全球的组织情况，"单位"栏目才反映现代汽车在中国的企业情况。如果调查的对手是现代汽车在中国的企业，集团和部门的信息可以暂不作为搜集重点。另外表中的某些指标项目，也可根据实际需要给予增加或减少。

（2）竞争对手的产品分析

一般认为，企业间的竞争往往是在产品和服务层面展开，当然，在生产层面也存在着对有限资源的竞争，不过，企业最关心的还是与对手的产品竞争。下面产品分析表中仅列了四个方面的内容，还可以根据实际情况增加一些栏目，例如广告投入、发展趋势等。表中的数据应来源于市场调查和相关数据推算。

产品分析

产品	销售额			直接成本			利润			市场份额		
	××年	××年	××年	××年	××年	××年	××年	××年	××年	××年	××年	××年
1												
2												
3												
4												
5												
6												
7												

（3）市场营销和产品销售活动

这方面的信息是关于竞争对手如何对市场施加影响。这些信息包括：对手的销售队伍的组织和规模、促销活动、产品折扣、销售渠道等信息。如果是针对专业服务类公司，对手的主要服务对象、公开的营销资料以及内部刊物等资料都是应该搜集的范围。

（4）竞争对手的竞争优势来源

设立该表的想法出自美国哈佛商学院迈克·波特教授的价值链理论，主要目的是为了辨别竞争对手的经营活动为顾客提供的价值所在，从而发现其竞争优势的来源。下表中的标题是根据波特的竞争优势理论提炼出来的,对于一般管理者来说,也可以用一些企业管理者认为更重要和更熟悉的语言作为标题。

竞争优势来源

资　源	内　容
设备	
R&D	
人力资源	
采购供应	
内部物料	
运营管理	
外部物料	
市场营销	
销售网络	
服务水平	

(5)竞争对手公司的重大活动

通过对竞争对手一些重大经营活动的记录,可以分析对手在市场竞争中的态势和在竞争中将会采取什么样的行动和反应。

(6)国际化经营的规模和范围

就字面而言,该标题似乎对研究本国竞争对手的人来说并不重要。如果只能了解竞争对手在哪几个国家有经营活动,这项分析内容确实没有意义。然而,有两点必须注意:首先,跨国经营企业有其天然的竞争优势,不能只分析该企业在本国的情况,应该从该跨国企业的整体入手进行调查分析,跨国企业的竞争优势体现在全球化的经济规模和对研发的高额投入;其次,跨国企业具有全球化的战略资源整合优势,其战略决策是基于全球化经营的。因此,了解竞争对手的全球化经营现状是分析研究竞争对手可能在不同环境下将采取哪些经营行为的最关键一步。

(7)竞争对手的关键因素

作竞争对手分析时,总有一些事实可以帮助了解或反映出对手的企业战略,或能够预示对手将要推出的一个新战略。在这个表格中,需要搜集的数据包括:对手生产基地的选址、数量,研发基地在哪里,高层管理团队的变更情况和近期的股权变更情况等内容。根据行业和对手类型的不同,只要认为是涉及对手的重要信息都可以列入该表。

Chapter four

分析类别：对企业所需各类重点情报进行研究

竞争行业和竞争对手分析

对　手	自　身	指　数

注：每个因素0~10分，对手因素除以自身因素等于指数。

（8）竞争对手明显的战略

上表是竞争对手资料采集系统的核心部分，也是最难完成的部分。这里"明显"二字有其特定的含义，即根据分析资料推断出竞争对手正在实施的战略。不过，这只是推断，不能保证其百分之百正确或在多长时间内是正确的。重要的是，要持续不断地对竞争对手信息进行监控和分析，以证实这些推断的正确性和发现其中的矛盾，并且观察对手何时能够实施新的战略。

（9）竞争对手的优势和劣势

企业经常做SWOT分析。但这里想强调的是，做竞争对手分析一定要建立在客观的基础上，尽量减少主观愿望对竞争对手分析的影响，不能过分强调对手的优势，也不要主观臆断地扩大对手的劣势，结果会使分析失去它的客观性，并造成决策失误。例如一家美国公司多年对其主要竞争对手做跟踪分析，结论是有几家对手已经濒临倒闭，几年后，该公司发现这些对手们依然与之抗衡，而且还在发展。可见几年前的那个分析结论已经毫无意义。

（10）竞争对手的企业经营哲学

企业的管理风格和方法也会对其战略和经营行为产生影响。例如公司总部在整个企业组织结构中的角色定位如何（母子公司制还是事业部制）？竞争对手在企业集团中所处的位置如何，是主导地位还是一个次要的随从位置？总公司对其业绩如何判断？其财务原则对其产品成本产生怎样的影响？CEO、总经理的管理风格如何？这些都与企业的经营哲学有关。这些问题不仅针对那些从属于一个大企业集团的竞争对手，而且也适用于那些单一公司，他们的经营哲学同样也会受到企业组织结构和管理风格的影响。因此，进行竞争对手分析，对其经营哲学的了解和分析也必不可少。

（11）竞争对手的人力资源政策

人力资源政策是对企业战略和业绩产生影响的重要方面。例如较低的薪酬水平会对企业吸引和留住优秀人才造成困难，也会影响到企业的经营绩效和实现长远的目标。除了薪酬制度，了解竞争对手员工的质量和资历水平，为员工提供培训机会和职业生涯规划等信息都是调查内容。

（12）竞争对手的关键成功因素

首先应该对本企业在行业中所处的位置作关键成功因素分析并作出评分（0~10分），它将作为与竞争对手做分数对比时的常数。然后用同样的方法将每个竞争对手的关键成功因素进行评分。关键成功因

第一节 企业管理：确定分析要点，拟定分析维度

素指数是每个对手的分值除以本企业分值的商数，该指数可以作为本企业与其他竞争对手实力对比分析时的参考值。要完成这项分数评定和指数判断要求参与者进行深入的分析思考，最好组成一个专门工作小组，而不要由某一个人来完成。

竞争对手信息采集分析系统的应用是建立该系统的目的和关键。首先，该体系能够系统地搜集、记录和分析竞争对手的资料信息，并且保持不断更新状态。为了很好地利用该系统，企业必须成立一个由高级经理层组成的专门小组，定期对系统中的信息进行分析研究。在企业制定发展战略时，除了进行必要的行业分析，竞争对手信息采集分析系统将成为企业决策层制定战略的重要辅助工具。利用它，决策者可以对竞争对手实际采取的竞争行为与情报部门预计其要采取的行为加以对比，并且提示决策层对竞争对手的哪些行动加以重点关注。不言而喻，这些信息应该是企业机密，绝对不能落入竞争对手的手中，否则该系统将成为竞争对手施放虚假信息的目标。

杀手锏二：竞争对手分析的两大重要分析工具

信息资料具备之后，进行竞争对手分析成为该系统应用的重要环节。竞争对手分析与一般企业分析基本一样，只是分析的主体是竞争对手，所用的分析工具也没什么区别，例如波特的五力分析、波士顿矩阵分析等。下面简单介绍几种用于竞争对手分析的方法：

工具一：组合矩阵分析法

组合矩阵分析的基本目的是让企业了解自身所有业务活动、各业务之间的关系，并帮助企业确定投资于哪些业务，哪些业务需要出售，哪些需要关闭。

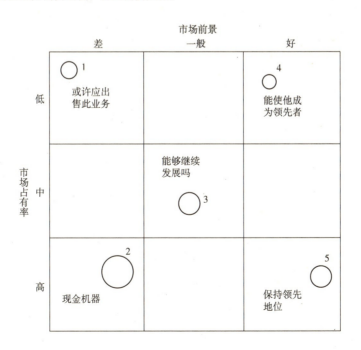

Chapter four

分析类别：对企业所需各类重点情报进行研究

上图释义

圆圈编号	代表含义
1	处在市场前景差而且占有率低的状况，这时企业需要考虑该项业务能否成功，即使认为能够成功，也要在人力和物力的投入上加以慎重的考虑。也许放弃该业务是比较适合的选择
2	市场前景不好，但市场占有率高，目前是企业的"现金机器"，因此企业应当投入足够的资金来维持该项业务的正常运行，使企业有能力利用该业务当前的市场占有率为企业赚取尽可能多的现金
3	市场前景和市场占有率情况都相对居中，优势是企业发展相对平稳，缺点是各项指标不突出。目前企业要想持续发展的话，需要打造核心竞争力
4	虽然有很好的市场前景，但是市场占有率很低。这时，决策者就应当尽快决定是继续该项业务还是放弃。因为，要获得较高的市场占有率，企业必须投入相应的资金，否则久而久之，当市场领先者获得更多的市场份额后，企业这项业务在市场上就会处在更加劣势的地位
5	在市场中的占有率高而且很有市场前景，但它是企业中"现金饥渴"型的业务，急需注入大量资金，以发展该项业务，使其成为市场的领先者并能尽快获得回报

（1）能分析企业各项业务的收入规模和市场占有率。

上图中圆圈的大小代表该项业务的收入规模。可以看出：

矩阵图中的其他位置代表某项业务在市场竞争中不同程度的市场份额和市场前景。组合矩阵分析法可以帮助企业在业务选择时进行决策，例如通过分析了解企业的收购和建立战略联盟的战略将会使企业在市场中的地位发生怎样的变化；企业确定要大量投入的"现金饥渴"型业务的数量不至于超过企业"现金机器"型业务。

（2）能帮助企业考虑战略实施的时机问题

例如，在一个高速发展的行业中，某企业已经在一两个国家占领了有利的市场份额，并考虑一项全球扩张计划。经过组合矩阵分析后发现，如果失去时机让其他竞争对手超过自己，企业就会处在一个毁灭性的不利地位，将无法再赶上对手；如果投资太大或风险太大，企业可以考虑出售该项有前景的业务以收回现金，或通过其他形式进行扩张，如建立战略联盟。

利用组合矩阵分析法进行竞争对手分析的作用之一就是，首先确定每个竞争对手在矩阵图中的位置，并与本企业的位置加以比较，以发现哪些竞争对手在全国或全球竞争中处在优势的地位。特别是，当本企业正在寻求国际扩张机会和优势地位时，而行业中的竞争者还都处在地区范围内没有真正取得全球化地位，而且竞争者之间还不甚了解并且还未在市场上相遇时，用这种方法做竞争对手分析和比较是非常有益的。再例如，本企业或许只在一个业务领域与对手展开竞争，而对手也是多元化业务类型企业，本企业与对手展开竞争的业务在各自业务组合中的位置和作用不同。假如对手的这项竞争业务是处在上面矩阵图的中间位置，而这项业务是对手的"现金机器"型业务，它必须支持对手其他业务的资金需求。这样本企业的这项业务在竞争中就处在一个有利地位，因为，本企业的这项业务可能得到更多的投资，而对手的这项业务是整个企业的资金来源，要向多个"资金饥渴"型业务输出资源，负担很重，对自身的投入很可能不足。通过对比，本企业的这项业务具有明显的竞争优势，决策者可以确定大力发展这项业务。

工具二：价值链分析法

美国哈佛商学院迈克·波特教授认为："从整体去审视一个企业，是无法理解其价值链的。"价值链产生于企业中各自独立运作的业务活动之中，如产品的设计、生产、市场营销、送货和支持活动。所有这些经营活动都会使企业产生相应的成本。他认为，一个企业应该有五种工作范畴，即内部物流，生产运作，外部物流，市场开发和销售、服务。这五方面的工作无论哪一个都有很大的潜力为顾客提供各自的价值，并帮助企业建立竞争优势。因此，进行价值链分析，无论是对自身企业的分析还是对竞争对手分析，首先应检查企业在这五方面所涉及的工作流程，确定成本发生在哪里，哪方面能为顾客创造价值。顾客可能看不到它们的运营成效，但是它们无疑也在创造和消耗着企业的价值。

Chapter four
分析类别：对企业所需各类重点情报进行研究

相关情报

情报观点

"中国房产信息整合服务系统"是中国房产信息集团的研究中心凭借强大的资源优势，整合地产情报资讯、标杆项目考察、论坛培训等20项专业服务。

情报运用

中国房产信息创造出完善的研究体系和丰富充实的知识产品，并发展成为中国房地产的资讯平台，得到了地产界广大相关人士的广泛认可。

超级链接

要想了解更多房地产前沿资讯，获得更多项目管理信息，那么就赶快配置一把财富金钥匙。
网址：dichan.sina.com.cn　邮箱：winfangbook@winfang.com　电话：020-61073242

中国房产信息集团研究中心的商业模式

——用情报获取商机的地产专业研发机构

1998年，中国房产信息集团的前身决策资源介入房地产领域，理性面对行业起伏，始终以严谨、务实、创新的精神致力于专业研究与资讯整合，用近10年的时间对房地产市场的信息进行收集和分析，创造出完善的研究体系和丰富充实的知识产品，并发展成为中国房地产的资讯平台，得到了地产界广大相关人士的广泛认可。

一、四大系统构建企业级学习中心

系统一：竞争情报体系

中国房产信息集团研究中心所辖研发部，拥有30余位资深研究人员，通过遍及全国的资讯网络，实现对行业资讯的实时监控及梳理整合，通过内部会员制的运作体制及电子传输等网络技术手段帮助地产企业建立自己的情报系统。

实现工具：《决策情报》及其整合服务系统、《地产信息官报告》周报。

系统二：企业管理应用系统

通过对房地产开发各关键环节的深度研究及梳理，将其中可复制的层面进行标准化的编辑整理，并形成可操作的规章制度、文件、表格及流程，实操性极强，能够帮助地产企业建立拿来即用的管理应用系统，减少企业的试错成本。

实现工具：V18地产运营圣经、4+1整体解决方案、PCE项目协同执行解决方案。

系统三：企业图书馆

中国房产信息集团研究中心所辖图书事业部，自1998年开始进入地产专业图书出版发行领域，拥有20余位行业资深编辑。通过对房地产市场的调查研究和充分分析，迄今为止已出版图书50余套，单本发行量达6000册，内容涵盖房地产开发过程中的调研、融资、策划、设计、成本控制、销售、物业管理等多个专业环节和关键流程，中国80%以上地产企业购买过决策资源图书产品。

实现工具：中国房产信息集团出版的地产图书。

系统四：高级人才培训体系

中国房产信息集团自2000年起即涉足房地产培训领域，迄今为止已举办"总裁特训营"、"地产高峰论坛"及企业内训数百次，举办标杆项目考察活动千余次，帮助地产企业建立立体化的企业学习系统。

实现工具：中国地产商学院、标杆项目考察、企业内训。

二、特色推荐：决策情报——中国最专业的地产竞争情报系统

《决策情报》是中国房产信息集团凭借自身的全国化监控网络、100余人的顶尖专业团队及社会资源推出的极具时效性的策略型房地产市场竞争情报。《决策情报》的4大核心战略系统和12个高效执行模块涵盖了产品设计、营销推广、市场研究、工程管理、企业经营管理等房地产专业领域各环节以及全国前沿市场的地产资讯。每月形成包括10余本文本报告（内容量相当于16K，600多页）、1本效率手册及2张光盘报告的研究成果，帮助地产企业建立拥有"专题研究、资讯监控、管理导入、企业培训"四大职能系统的竞争情报资源中心。

Chapter four
分析类别：对企业所需各类重点情报进行研究

"决策情报整合服务系统"是中国房产信息集团研究中心凭借强大的资源优势，整合地产情报资讯、标杆项目考察、论坛培训等20项专业服务，通过内部会员制模式运行的房地产竞争情报整合服务系统，6年来倾力打造竞争情报体系、专业服务系统、学习交流平台及专业资源平台四大核心驱动力，成为一流地产企业的共同选择和中小型地产企业的动力引擎。

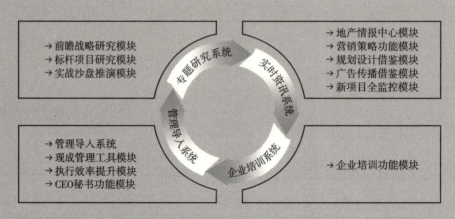

第二节
宏观市场：宏观大势预判和分析

情报快递

1. 政治稳定、法律健全是社会发展的基石，剖析房地产市场，不能忽视政治法律因素；

2. 敏感性分析是测定关键参数的敏感性，并分析结果适用的范围，以反映市场分析面对的不确定因素；

3. 市场调查有许多方法，企业市场调查人员可根据具体情况选择不同的方法。

情报口诀

1. 环境调查；2. 市场分析；3. 对象划分；4. 方法划分。

· 经典语句 ·

企业要想在激烈的市场竞争中立于不败之地，需要竞争情报提供支持和保障。企业必须充分利用竞争情报，掌握有关的市场信息，并对所处的竞争环境有深刻的了解。只有知己知彼，全面地了解竞争态势，准确地预测市场变化，才能巩固国内市场阵地，抢占国际市场份额。

Chapter four
分析类别：对企业所需各类重点情报进行研究

一、理清房地产市场环境调查内容

深刻理解宏观环境，才可能将房地产的市场调查做得更深入。房地产市场调查的内容主要包括以下两个方面：

1. 宏观投资环境调查

（1）政治法律环境调查

政治法律环境包括政治环境和法律环境两项内容。政治稳定、法律健全是社会发展的基石，剖析房地产市场，不能忽视政治法律因素。

① 政治环境：指国家运作体制、社会治安程度等

政治环境包含国家运作体制、政治安定状况、社会治安程度、房地产投资和城市化进程等方方面面的情况。一个国家、地区和城市的政治环境如何，将直接影响房地产企业正常的生产经营活动的开展。

② 法律环境：指房地产开发经营的方针政策

法律环境是指行政法规，主要包括国家、省、城市有关房地产开发经营的方针政策。如房改政策、开发区政策、房地产价格政策、房地产税收政策、房地产金融政策、土地制度、人口政策和产业发展政策、税收政策等。

具体行政法规包括以下内容：

——有关房地产开发经营的法律规定。如《房地产开发经营管理条例》、《中华人民共和国房地产管理法》、《中华人民共和国土地管理法》。

——有关国民经济社会发展计划、发展规划、土地利用总体规划、城市建设规划和区域规划、城市发展战略等。

（2）经济环境调查

房地产市场经济环境调查可采用政府部门对地区经济情况的研究结果，虽然不必对地区经济情况作完全分析，但需要根据分析时的实情作调整，以反映最新信息。当然，如没能找到公共机构的预测信息，也需作一些独立预测。

经济因素是所有房地产宏观因素中，对公司和个人最为明显、最为直接的因素。它包括以下内容：

经济环境调查内容

调查内容	相关细项
内容一	国家、地区或城市的经济特性，如国内生产总值、国民收入的发展状况；国家的经济发展状况，能源和资源状况等
内容二	包括经济发展规模、趋势、速度和效益，如社会固定资产投资状况、金融和证券市场情况

续表

调查内容	相关细项
内容三	项目所在地区的经济结构、人口及其就业状况、就学条件、基础设施情况、地区内的重点开发区域、同类竞争物业的供给情况
内容四	一般利率水平，获取贷款的可能性以及预期的通货膨胀率
内容五	国民经济产业结构和主导产业
内容六	城市发展总体规划、城市基础设施建设、城市人口分布、区域划分
内容七	商业零售与贸易状况、居民消费结构、居民储蓄和信贷情况、财政收支与物价、人口数量与消费、居民收入与储蓄等各种因素
内容八	项目所在地区的对外开放程度和国际经济合作的情况，对外贸易和外商投资的发展情况
内容九	对特定房地产开发类型和开发地点相关因素的调查
内容十	财政收支。对于不同的物业类型，所需调查的经济环境内容有很大的不同，须结合具体项目情况展开有针对性的调查

（3）社会文化环境调查

包括居民受教育程度、文化水平、职业构成、民族分布、宗教信仰、风俗习惯、审美观念等内容。社会文化往往对整个社会有深刻影响，尽管文化有相对稳定性，但不是固定不变的，特别是生活习惯、审美观念往往随着社会生产力发展而发生一定程度的变化。

（4）国际状况调查

国际间经济、军事、政治等环境对房地产的影响不容忽视。如1997年末发生的东南亚金融危机，它就或多或少地影响到我国房地产市场。单就投资成本这一点分析，在东南亚金融危机中，中国周边国家的货币均贬值了20%～50%，而人民币则岿然不动，作为一个投资商人，他在作出决策之前，肯定就会对人民币的未来稳定性和现阶段的相对成本作一评估，在势态尚未明朗的时候，他必然持币观望。

2. 房地产市场区域环境分析

区域环境分析是指在特定区域中，对影响房地产市场的消费行为、区域产品、区域价格等各方面因素的综合分析。区别于单个楼盘的地理位置分析，区域分析更侧重于整体的分析和宏观评估。如上海虹桥开发区的崛起，通过区域分析便可得知，是与虹桥飞机场至市中心的良性交通线路，虹桥商贸区的发展规划这些因素分不开的。

区域环境分析是建立在单个楼盘的详尽市场调查基础之上的。要写好区域市场分析报告，首先应该详细调查该区域某一单个楼盘；而后以这个楼盘所在的街道为延伸区，将整个街道的所有楼盘调查仔细；最后，则以这一街道为基准，分别详细调查周边的各条街道的楼盘情况，由此从点到线，从线到面，不断地比较、分析、归纳和总结，对区域市场的状况便会了如指掌。

Chapter four

分析类别：对企业所需各类重点情报进行研究

（1）区位分析

区位分析是某地点的最佳用途分析，它是进行投资决策时的主要分析内容。它要对项目地块所在的区位与类似的区位进行比较，发现市场机会；在有两个或两个以上的可选用途时，就要对每一种可能的用途进行分析比较。此处所指的是宏观层次上的分析，而不是市场分析的全部内容。

（2）市场概况分析

市场概况分析包含：对地区房地产各类市场未来趋势的分析；把项目及其所在的专业市场放在整个地区经济中，考察它们的地位和状况，分析人口、公共政策、经济、法律是否支持该项目；找出影响计划项目成功的关键问题，明确下一步分析的方向和侧重点。

（3）区域市场产品分析

① 区域产品调查

区域产品调查主要包括了解和分析在某个特定的区域范围内，楼盘的总量、类别、位置、单价分布、总价结构、各类营销手法的市场反映和市场空白点等。分析区域产品关键在于认真研究区域产品的共同点、差异点以及它们在市场上反映强弱的缘由。如在某区域，在众多楼盘都是住宅，都是一样的价位，都是一样的品质的情况下，其中的一个卖得相当好，这就是区域产品调查应该着力分析的地方。

区域产品调查具体包括以下内容：

区域产品调查内容

调查内容	相关细项
内容一	房地产市场现有产品的数量、质量、结构、性能、市场生命周期
内容二	现有房地产租售客户和业主对房地产的环境、功能、格局、售后服务的意见以及对某种房地产产品的接受程度
内容三	新技术、新产品、新工艺、新材料的出现及其在房地产产品中的应用情况
内容四	该企业产品的销售潜力及市场占有率
内容五	建筑设计及施工企业的有关情况

② 区域产品价格调查

A.国际、国内相关房地产市场的价格；

B.影响房地产价格变化的因素，特别是政府价格政策对房地产企业定价的影响；

C.房地产市场供求情况的变化趋势；

D.房地产商品价格需求弹性和供给弹性的大小；

E.各种不同的价格策略和定价方法对房地产租售量的影响；

F.开发个案所在城市及街区房地产市场价格；

G.价格变动后消费者和开发商的反应。
③ 区域产品促销调查

区域产品促销调查内容

调查内容	相关细项
内容一	房地产广告的时空分布及广告效果测定
内容二	房地产广告媒体使用情况的调查
内容三	房地产广告预算与代理公司调查
内容四	人员促销的配备状况
内容五	各种公关活动对租售绩效的影响
内容六	各种营业推广活动的租售绩效

④ 区域产品营销渠道调查
A.房地产营销渠道的选择、控制与调整情况；
B.房地产市场营销方式的采用情况、发展趋势及其原因；
C.租售代理商的数量、素质及其租售代理的情况；
D.房地产租售客户对租售代理商的评价。

（4）竞争项目分析

竞争项目分析包含：分析目标物业的基本特征；根据目标物业的特征，再分析竞争物业；进行竞争评价，确定目标物业的竞争特点，预测一定价格和特征下项目的销售率及市场占有率（市场份额）。竞争项目分析有三个方面的分析侧重点，即营销建议、售价和租金预测、预测吸纳量和纳量计划。当然，每个市场分析不一定都包含所有的侧重点。其中营销建议是研究销售较好的竞争项目及户型，进行目标物业的规划设计和产品功能定位，并找出目标物业的竞争优势，提出强化优势、弱化劣势的措施，并指出它的市场风险来源；售价和租金预测是通过对比分析，总结历史上竞争项目的出售率、出租率及租金、售价情况，并预测其未来情况；吸纳量计划是指研究地区、价格和市场份额间的关系，将项目所在子市场中未满足的需求，按照市场占有率进行分配。

（5）房地产市场需求调查

房地产市场需求特征是指区域人口数量和密度、人口结构和家庭规模、购买力水平、客户的需求结构与特征、人口素质和习惯嗜好等，需求特征是从客户的角度对产品的一种审视，把握需求特征是不断创新的动力与源泉。具体包括以下内容：
一，消费者对某类房地产的总需求量及其饱和点、房地产市场需求发展趋势。
二，房地产市场需求影响因素调查。如国家关于国民经济结构和房地产产业结构的调整和变化；消

Chapter four
分析类别：对企业所需各类重点情报进行研究

费者的构成、分布及消费需求的层次状况；消费者现实需求和潜在需求的情况；消费者收入变化及其购买能力与投向。

三，需求动机调查。如消费者的购买意向、影响消费者购买动机的因素，消费者购买动机的类型等。

四，购买行为调查。如不同消费者的不同购买行为、消费者的购买模式、影响消费者购买行为的社会因素及心理因素等。

（6）敏感性分析

敏感性分析是测定关键参数的敏感性，并分析结果适用的范围，以反映市场分析面对的不确定因素。此种分析需要测定关键参数变动范围，对分析中的关键参数假设，测定它在确保项目满足投资目标要求的情况下允许变动的范围。

二、通晓房地产市场环境调查方法

市场调查有许多方法，企业市场调查人员可根据具体情况选择不同的方法。市场调查方法可分为两大类，第一类按选择调查对象来划分，有全面普查、重点调查、随机抽样、非随机抽样等；第二类是按对调查对象所采用的具体方法来划分，有访问法、观察法、实验法。下面简要分析每一种调查方法特征。

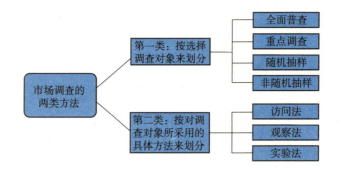

1. 按调查对象划分

（1）全面普查：对全部个体进行调查

全面普查是指对调查对象总体所包含的全部个体都进行调查。可以说对市场进行全面普查，可能获得非常全面的数据，能正确反映客观实际，效果明显。

调查了解一个城市的人口、年龄、家庭结构、职业、收入分布情况，对房地产开发是十分有利的。

由于全面普查工作量很大，要耗费大量人力、物力、财力，调查周期较长，一般只在较小范围内采用。当然，有些资料可以借用国家权威机关普查结果，例如可以借用全国人口普查所得到的有关数据资料等。

（2）重点调查：对总体中有代表性的个体进行调查

重点调查是以总体中有代表性的单位或消费者作为对象进行调查，进而推断出一般结论。这种调查方式的被调查对象人数不多，企业可以投入较少的人力、物力、财力，在短时期内完成。如调查高档住宅需求情况，可选择一些购买大户作为调查对象，往往这些大户对住宅需求量和对住宅功能要求占整个高档商品住宅需求量的绝大多数，据此可以推断出整个市场对高档住宅的需求量。当然由于所选对象并非全部，调查结果难免有一定误差，市场调查人员应引起高度重视，特别是当外部环境产生较大变化时，所选择的重点对象可能就不具有代表性了。例如，1993年国家加强了宏观调控，一些房地产公司贷款受到限制，资金不足，导致水泥等材料需求量急剧缩减。在这种情况下，公司应及时调整，重新选取调查对象，并对调查结果认真分析，只有这样的市场调查结果才能为企业制定策略提供有用的根据。

（3）随机抽样：总体中随机抽取个体作为样本进行调查

随机抽样调查是在总体中随机抽取个体作为样本进行调查，根据样本推断出一定概率下总体的情况。随机抽样在市场调查中占有重要地位，在实际工作中应用很广泛。随机抽样最主要特征是从母体中任意抽取样本，每一样本有相等的机会，即事件发生的概率是相等的，这样可以根据调查的样本的结果来推断母体的情况。它又可以分为三种方式：

随机抽样方法

抽样方式	内容诠释
简单随机抽样	即整体中所有个体都有相等的机会被选作样本
分层随机抽样	即对总体按某种特征（如年龄、性别、职业等）分组，然后从各组中随机抽取一定数量的样本
分群随机抽样	即将总体按一定特征分成若干群体，随机抽样是将部分作为样本

分群抽样与分层抽样是有区别的：分群抽样是将样本总体划分为若干不同群体，这些群体间的特征相异，然后对每个群体进行随机抽样，这样每个群体内部都存在性质不同的样本；而分层抽样是将样本总体划分为几大类，这几大类间是有差别的，而每一类则是由性质相同的样本构成的。

（4）非随机抽样：确定某一标准再选取样本数

非随机抽样法是指情报人员在选取样本时并不是随机选取，而是先确定某个标准，然后再选取样本数，每个样本被选择的机会并不是相等的。非随机抽样也分三种具体方法：

Chapter four
分析类别：对企业所需各类重点情报进行研究

非随机抽样的抽样方法

抽样方法	内容诠释
就便抽样	也称为随意抽样调查法，即情报人员根据最方便的时间、地点任意选择样本，如在街头任意找一些行人询问其对某产品的看法和印象。这在商圈调查中是常用的方法
判断抽样	即情报人员根据自己的以往经验来判断由哪些个体来作为样本的一种方法。当样本数目不多，样本间的差异又较为明显时，采用此方法能起到一定效果
配额抽样	即情报人员通过一些控制特征，对样本空间进行分类，然后由情报人员从各组中任意抽取一定数量的样本。例如某房地产公司需要调查消费者购买房屋的潜力，特别要了解中、低收入的消费者购房的欲望，以便使企业把握机遇，做好投资的准备

2. 按照调查方法划分

（1）访问法：科学设计调查表

访问法是最常用的市场调查方法。调查表要反映企业决策的思想，是本企业营销部门最关心、最想得到的重要信息的来源之一。

① 按照步骤设计调查表

一是根据整个研究计划的目的，明确列出调查表所需收集的信息是什么。例如对房地产公司来说，它需要得到在它所投资的地区，消费者对购房的兴趣、消费者的收入以及购房的承受能力，还有消费者对住房标准的要求等。

二是按照所需收集的信息，写出一连串问题，并确定每个问题的类型。房地产公司要想占领市场，既要了解目前该城市的人口分布、年龄情况、家庭结构、住房面积、消费者拥有房子的情况，又要了解居民的收入水平（基本工资、奖金收入，消费者购买生活必需品和一些耐用消费品后可支配的货币），还要了解消费者目前是否有存款，并要了解消费者对购房的兴趣以及对住房的最低要求（设计方案、四周环境、建筑类型等），也要掌握当地政府对房地产市场的有关政策，银行金融系统对消费者购房的有关政策等。

三是按照问题的类型、难易程度、题型（单选填充、多选填充、是非判断、多项选择题），安排好问题的次序。

四是选择一些调查者做调查表的初步测试，请他们做题，然后召开座谈会或个别谈话征求意见。

五是按照测试结果，再对调查表作必愿修改，最后得出正式调查表。

六是问题答案不宜过多，问题的含义不要模棱两可，一个问题只代表一件事。

最后，要注意问问题的方式。有时直接问问题并不见得是最好的，采用间接方法反而会得到更好的答案。

② 根据实际状况选择访问法的形式

调查表设计好之后，按照情报人员与被调查人员的接触方式不同，可将访问法划分为四种形式：

第二节 宏观市场：宏观大势预判和分析

访问法的四种形式

访问法	内容诠释
答卷法	情报人员将被调查人员集中在一起，要求每人答一份卷，在规定时间答完，这样被调查人员不能彼此交换意见，能使个人意见充分表达出来
谈话法	情报人员与被调查人员进行面对面谈话，如召开座谈会，大家畅所欲言。然后还可针对某个重点调查对象进行个别谈话，深入调查。这种方法的最大特点是十分灵活，可以调查许多问题，包括一些看上去与事先准备好的问题不太相关的问题，可以弥补调查表所漏掉的一些重要问题
电话调查法	这种方法是情报人员借助电话来了解消费者的意见的一种方法。如定期询问重点住户对房地产项目的设计、设备、功能、环境、质量、服务的感觉如何，有什么想法并请他们提出一些改进措施等
观察法	这种方法是指情报人员不与被调查者正面接触，而是在旁边观察。这样被调查者无压力，表现得自然，因此调查效果也较理想

（2）实验法

实验法是研究因果关系的一种重要方法。例如研究广告对销售的影响，在其他因素不变的情况下，销售量增加就可以看成完全是广告造成的影响。当然市场情况受多种因素影响，在市场实验期间，消费者的偏好、竞争者的策略，都可能有所改变，这样就影响了实验的结果。虽然如此，实验法对于研究因果关系，能提供访问法不能提供的材料，运用范围较为广泛。

Chapter four

分析类别：对企业所需各类重点情报进行研究

相关情报

情报观点

宏观市场的环境分析，能够帮助开发商更好地了解项目所在市场的现状以及未来动向，方便项目做后期规划和营销推广。

情报运用

通过房地产市场环境的分析，了解到项目发展的宏观环境、区域环境以及竞争楼盘的相关情况，更好地方便项目作出决策。

超级链接

要想了解更多房地产前沿资讯，获得更多项目管理信息，那么就赶快配置一把财富金钥匙。
网址：dichan.sina.com.cn　邮箱：winfangbook@winfang.com　电话：020-61073242

房地产宏观市场环境分析

——2006年哈尔滨某项目对房地产市场的分析

一、项目发展宏观环境分析

哈尔滨总面积56579平方千米（市区面积1637平方千米），人口935.32万，其中市区人口323.53万。现辖道里区、道外区、南岗区、香坊区、平房区、松北区、呼兰区、阿城区、巴彦县、宾县、依兰县、延寿县、木兰县、通河县、方正县等8区7县，代管五常市、双城市、尚志市。

房地产宏观市场环境分析

1.哈尔滨市自然、人文环境分析

① 行政区划：是黑龙江省省会

哈尔滨是黑龙江的省辖市，也是黑龙江省省会，是中国东北部的政治、经济、文化中心，是我国著名的历史文化名城和旅游城市，素有"天鹅项下的珍珠"之美称。

② 地理位置：距首都北京1288千米

哈尔滨介于东经125°42′～130°10′和北纬44°04′～46°40′之间，南距首都北京1288千米。东北与佳木斯市毗邻，北与绥化市相接，西与肇东市接壤，南与吉林省扶余县连接，东与牡丹江市所辖的海林市相连。

东西最大横距354千米，南北最大纵距282千米。西部为松嫩平原，地势平坦、低洼，东部为张广才岭、完达山脉和小兴安岭余脉。多为低山区，海拔在110～1600米之间。最高峰为尚志市的三秃顶子，海拔1637.6米。山地占总面积的33.25%，丘陵占21.43%，平原占45.2%。河流均属松花江、牡丹江水系，主要有松花江、呼兰河、阿什河、岔林河、牡丹江等46条河流。

③ 人口：2006年底全市户籍总人口980.3万人

2006年底全市户籍总人口980.3万人，比2005年增加5.5万人。其中，市区人口472.7万人；在总人口中，非农业人口473.2万人，比2005年增加3.7万人；男性人口496.4万人，比2005年增加1.8万人。全市人口出生率8.3‰，死亡率5.5‰，人口自然增长率2.8‰。

④ 气候：市区年平均气温为4.3℃

哈尔滨地处北温带，市区年平均气温为4.3℃，市区最高月平均气温23.2℃，最低月平均气温-15.8℃。市区全年降水量为462毫米。

⑤ 历史文化：是中国金、清两代王朝的发祥地

哈尔滨历史悠久，是中国金、清两代王朝的发祥地。哈尔滨是一个多民族聚集地区，包括汉族在内有40多个民族生活在这片土地上。

20世纪初，哈尔滨曾是一个国际性商贸城市，有16个国家在此设立领事馆，30多家外国商社在此开业，18个国籍的6万多外国人在此侨居。近年来，哈尔滨又成为我国东北最大的沿边开放城市。

2.哈尔滨市经济发展状况分析

① GDP水平及走势

2006年，哈尔滨市GDP完成2094亿元，比2005年增长263.6亿元，增长率为15.2%。2004年人均GDP突破

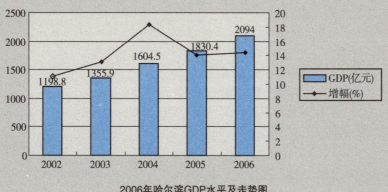

2006年哈尔滨GDP水平及走势图

2118美元，2006年达到2705美元，年均增长约为13%。

② 产业结构状况

哈尔滨市是黑龙江省经济发展中心，是一个以工业为主体、三种产业全面发展的综合性城市。

2006年实现生产总值突破2000亿元，按可比价格计算，比2005年（生产总值1830.4亿元）增长13.5%。各产业增长状况如下图：

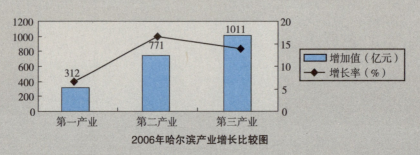

2006年哈尔滨产业增长比较图

产业结构处于不断调整阶段，第一、第二、第三产业的结构比例由2005年的16.4：35.3：48.3调整为14.9：36.8：48.3。三次产业对经济增长的贡献率分别为8%、43%和49%。

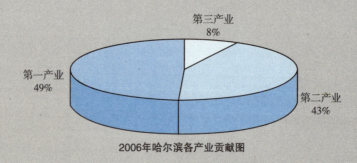

2006年哈尔滨各产业贡献图

3.哈尔滨市城市发展规划状况

① 城市发展目标：构建有国际竞争力的东北亚大都会

近景目标是构建以哈尔滨为中心，"一小时车程"（100千米左右）为半径的城市经济圈；在空间结构上，形成核心圈层、紧密圈层、扩展圈层三个垂直分工明确的圈域体系；

远景目标是成为中国北方重要的中心城市，有创新能力的国内一流城市，有国际竞争力的东北亚大都会。

② 城市发展战略：北跃、西扩、南延、东优、中兴、外联

北跃——即将松花江以北、呼兰河两岸地区，建成以行政办公、教育科研、商贸居住为主，以医药、新兴工业、绿色产业为辅的生态型园林新城区。"北跃"是城市发展的主要方向，新增城市用地面积74平方千米。

西扩——即开发群力地区，将建成集居住、商贸、旅游为一体的现代化新城区。"西扩"是城市重要发展方向，新增城市用地面积32.7平方千米。

南延——即发展平房地区，将建成国家机械制造业基地。"南延"是城市发展第二产业的主要方向，新

增城市用地面积46.8平方千米。

东优——即整合现有以工业为主的东部地区，优化产业结构，提高土地利用率，迁出重污染企业，净化、美化阿什河生态环境。"东优"主要是优化、整合哈东工业区、成高子、新香坊、团结、动力东侧等地区，新增城市建设用地11.2平方千米。

中兴——即调整优化中心城区用地布局结构，改善交通、绿化环境。搬迁城区有污染的工厂企业，加大危房棚户区的改造力度，建设大型居住社区；提升金融、贸易、教育、物流、旅游等第三产业层次。

外联——即构筑哈尔滨市都市圈，建设6个卫星城和12个产业聚集区，以市区为中心，以铁路、公路等交通通道为拓展轴线，以100千米左右为半径进行构筑。以哈尔滨为中心城区，与阿城、双城进一步整合发展形成都市核心圈，与宾县、五常、尚志、肇东、绥化进一步拓展，形成5个外围拓展圈层的卫星城。

③ 用地发展方向：主要向南、西南发展，适当发展江北地区

根据哈尔滨市城市性质与功能的假设需要，2001~2010年，哈尔滨城市发展方向主要是向南、西南发展，适当发展江北区域；2011~2020年，城市主要向南、向西南、向北方向发展。同时哈尔滨城市部分功能逐步向外围城区阿城、呼兰、双城等新区转移。

④ 城市交通环境规划：构建"两轴、四环、十射"交通网络

两轴：东西大直街与中山路、红军路、经纬路；

四环：内环、二环、三环、公路环；

十射：哈大、哈伊、哈双北线、哈双中线、哈双南线、京哈公路、哈五公路、哈阿公路、哈成公路、哈同公路，其中二环路和新机场路为快速路。

预计2010年将完成"两轴、四环、十射"的江南岸道路系统骨架。

⑤ 城市近期发展规划：建设城市新区、旧城功能整合区、功能控制区

哈尔滨市近期建设重点区域为：建设城市新区、旧城功能整合区、功能控制区。居住区按新区开发、危棚房改造、功能调整三大类进行住宅建设，形成南岗南部、道里西部、香坊东部等九大片区，最终形成37个居住区、31个居住小区、31个居住组团。

预计到2010年哈尔滨GDP可达到2600亿元，2020年GDP可达到5600亿元。

⑥ 城市远景发展规划：X轴双环，四城双核

主城区空间结构：远景城市空间形成"X轴双环，四城双核"的沿江带状组团式城市空间发展结构。

"X轴"——指以松花江、呼兰河、阿什河形成的"X"形生态系统为框架。

"双环"——在现有公路四环的基础上，向北再拓展一个快速公路外环。

"四城"——指由"X轴"水系生态轴线划分的江南、江北主城区、呼兰新城和天恒新城四大城区。

"双核"——江南主城区作为区域性的商贸、文化中心的远景予以保留和提升；松北副城区则在行政文化中心的基础上，发展成为商务、物流、体育等新城市服务职能的主要聚集中心；江南、江北最终形成两个功能互补、相互呼应的城市发展核心。

另外，在松花江与呼兰河交汇处再造一处80平方千米的风景区，与太阳岛相呼应，为城市提供另一处风光秀丽、人文色彩浓郁的休闲旅游景区。

⑦ 住房建设规划：完善住房供应体系
　A.完善以市场为主导、多渠道并存的住房供应体系，满足全市人民日益增长的住房需求；
　B.规划期内，建设住房2700万平方米，竣工住房总规划2200万平方米，共计25万套；
　C.新区开发与旧城棚户区改造并举，新区开发以松北、群力为主，旧城改造以城区内部的危房棚户区、城中村和工业企业搬迁用地的改造建设为主。

二、哈尔滨市房地产市场发展现状及走势分析

1. 哈尔滨市房地产市场投资开发现状及走势分析

（1）2006年房地产市场总体发展情况

2006年哈尔滨市房地产市场呈现"规模增长、购销两旺、价格稳中有升"的局面。哈尔滨市房地产开发投资增幅提高，截至2006年11月底，哈尔滨总体开发情况如下：

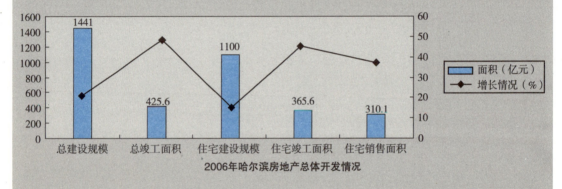

2006年哈尔滨房地产总体开发情况

（2）2006年前三季度房地产投资开发情况分析

① 房地产开发投资增幅回落

2006年前三个季度，哈尔滨市房地产开发完成投资85.7亿元，分别低于当年年初和2005年同期12.3个百分点和1.6个百分点，增幅回落较为明显。开发完成住宅投资额63亿元，其中经济适用房完成投资2.2亿元，下降55.7%；办公楼、其他用房分别完成3亿元和7.7亿元投资额，分别下降29.2%和58.1%。

② 建设规模扩大，竣工总量增加

2006年前三个季度，哈尔滨市房地产商品房屋施工、竣工总量如下图：

③ 土地开发面积增长较快

2006年前三个季度，哈尔滨市房地产完成开发土地面积187.9万平方米，比2005年增加163.6万平方米。

④ 商品房销售增长较快、商业营业用房空置面积和2005年基本持平

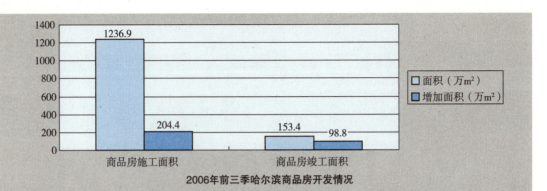

2006年前三季哈尔滨商品房开发情况

2006年前三季度各类商品房销售及空置情况

类型	销售面积(万m²)	增长情况	销售价格(元/m²)	增长情况	空置面积(万m²)	增长情况
商品房屋	346.6	增长26.7%	2721.6	增长6.9%	307	持平
商品住宅	295.2	增长29.1%	2491.1	增长3.3%	162	下降6%
办公楼	6.9	下降18%	5517.1	增长8.6%	12.8	增长35.1%
商业营业用房	39.4	增长19.4%	3894.4	下降8.6%	110.1	增长2.8%
其他用房	5.1	增长49.7%	—	—	—	—

（3）房地产市场投资开发主要存在问题

① 房地产开发投资后劲不足，增幅明显低于上年同期水平

近年来，在爱建、世贸等大项目的带动下，哈尔滨市房地产开发投资出现较长时间的高增长期，但随着爱建项目接近后期，松北房地产投资热度趋缓。

② 商品房存量空置压力依然存在

和2005年比较，哈尔滨市房地产开发竣工量大幅增加，表明哈尔滨市房地产正处于竣工高峰期。但由于累计商品房比2005年多销售73.1万平方米，全市房地产期、现房销售快速增长，目前哈尔滨市商品房空置基本保持上年水平。

能否保持目前哈尔滨市商品房销售增长速度，缓解空置商品房总量的继续增长，已经成为影响今后哈尔滨市房地产持续发展的关键一环。

③ 对银行贷款依赖较大，抵御金融风险能力不强

2006年以来，哈尔滨市房地产开发国内贷款增长较快，房地产开发企业直接利用国内贷款占全部房地产开发资金来源的比重始终保持在较高水平。

另外，哈尔滨市房地产开发企业应付未付工程款6.4亿元，比上年增加4.2亿元，房地产开发项目资金到位情况说明哈尔滨市房地产企业对银行贷款的依赖程度在增强。

2. 哈尔滨市区域房地产发展现状分析

为了了解哈尔滨市房地产的分布状况及规律以及为分析项目所在区域进行铺垫，根据各区域现有物业的

特点和所处区位环境，先将哈尔滨市分为以下几个房地产发展区域，如图所示：

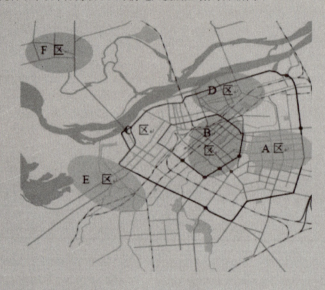

（1）A区域——经济开发区及其周边区域

该区以开发区的经济为核心资源，新贵富人区，也是哈尔滨市新兴楼盘较为集中的区域。

它是哈尔滨市房地产开发相对成熟的片区，市场气氛相对浓厚，是近年房地产开发量比较集中的区域之一。住宅消费群体具有以下三个特征：

特征一：年龄成分表现为一半以上为35岁以上的人群；

特征二：职业成分表现为政府官员、事业单位员工、私营企业者三足鼎立；

特征三：大部分为二次置业。

（2）B区域——省行政中心及周边区域

以省行政中心为核心，加上大直街和果戈理大街交汇的商业中心，使该区域成为哈尔滨市寸土寸金的地段之一。

（3）C区域——哈站东北松花江以南的区域

①拥有成熟的商业配套和沿河景观，也拥有比较成熟的商务氛围，是哈尔滨市首屈一指的商业中心。

②C、B两区域为哈尔滨市最为成熟的区域，无疑也是哈尔滨市最旺的地段，但是基本为建成区，土地储备、交通问题、众多的文化古迹将成为制约该区域经济向新型经济转型发展的重要因素。

③该区近年来开发热点由哈尔滨市中心转向西部地区，开发重点也从高档楼盘转向了中低档楼盘的开发，许多规模大、配套全的大型小区在此区域崛起，例如"欧洲新城"、"运华广场"、"河松小区"等，而且价格相对较低，受到中、低收入阶层的欢迎。

（4）D区域——道外区的东部区域

该区是哈尔滨市发展较慢的区域，基本已经成型，是非重点区域，未来较难再有较快发展。

（5）E区——哈西地区

该区是哈尔滨市发展的重点方向，但是人烟稀少，配套较为缺乏，部分地区环境还亟待改善。

（6）F区域——松北新区的启动区域

该区域是哈尔滨市政府大力发展的方向之一，但是同样存在周边配套资源缺乏的实际困境。

（7）城市重点发展区域比较

针对哈尔滨市城市建设中及规划中的热点区域。现对开发区（南岗集中区，也就是项目所在区域）、群力新区和松北新区进行简单比较：

城市重点发展区域比较

区域划分	简要描述	优势资源	劣势不足
开发区（南岗集中区）	是哈尔滨市发展较早，得到政策优惠较早的新区域	① 生活配套日渐成熟，商务氛围日益浓厚； ② 具有会展体育等的特色配套； ③ 拥有消费者较高的区位认同感（环境、交通、文化等）	① 可利用土地储备少； ② 开发速度较快而区域人气不足，造成房地产市场竞争激烈
群力新区	位于松花江南岸，道里区西部，总用地面积27.33km²，规划人口27万。由哈尔滨市中央商务区，生态游憩商务区以及相应的生活区组成	① 位于哈尔滨城市发展的主方向上，市政府规划的CBD； ② 临近机场，交通优势得天独厚； ③ 具有良好的生态景观基础	① 尚处于起步阶段，配套资源不足； ② 区位认同感尚未形成； ③ 土地储备并不十分充裕，成熟之后辐射能力有限； ④ 由于国家抑制投资过热，群力启动区土地开发进展受阻
松北新区	位于哈尔滨市北部，规划控制总面积383km²，包括太阳岛风景区。该区将成为哈尔滨市行政办公、文化娱乐中心，是教育基地、科研基地、冰雪体育运动训练和新型产业基地。规划人口100万	① 是哈尔滨市政府所在地； ② 拥有太阳岛的旅游资源； ③ 具备上风上水的自然环境； ④ 拥有大量的土地储备	① 生活配套严重缺乏明显制约该区域发展； ② 与主城区连接不够紧密； ③ 区位认同感不高； ④ 房地产开发成本高

区域房地产发展现状小结

B、C两区域：同为成熟且极富价值的区域；

E、F两区域：同为规划新区；

D区域：房屋开发较为落后，商品房价格比较低；

A区域：房地产市场有更大的发展空间，也是本项目所在的区域，后面将对其进行单独研究。

3. 哈尔滨市住宅房地产市场发展现状及走势分析

（1）供求状况分析

2006年起土地供应实施年度供应计划制度，土地供应量大幅增长，其中房地产开发用地占供应计划的

Chapter four
分析类别：对企业所需各类重点情报进行研究

25.9%；开发竣工量大幅增加，处于竣工高峰期，未来将继续增长。

① 供给分析

2006年对城市规划区内的存量土地和新增建设用地，包括开发区、松北、群力、哈西、顾乡、天恒山以及国企改制等用地实行总量控制、计划供应。土地供应总量将达1737公顷，比"十五"期间年均供地规模增长70%。此外，考虑到松北区近年来房地产开发过于集中，房屋空置率较高的现状，故在松北区适当增加工业用地量。

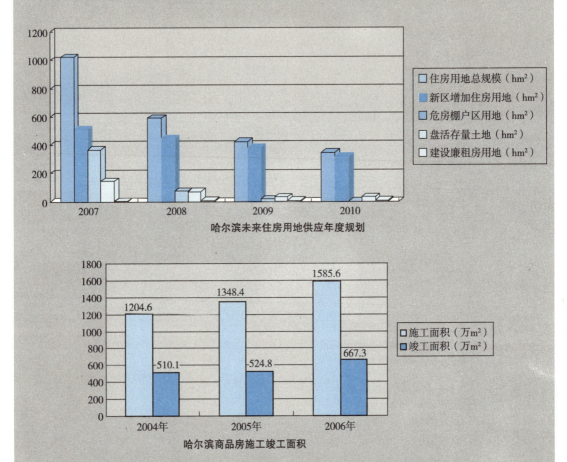

哈尔滨未来住房用地供应年度规划

哈尔滨商品房施工竣工面积

和上年比较，哈尔滨市房地产开发竣工量大幅增加，这表明哈尔滨市房地产正处于竣工高峰期；随着施工面积增长，未来竣工量将继续上升。

② 需求分析

2006年前11个月全市销售增量商品房370万平方米，同比增长29.5%。其中商品住宅310万平方米（31176套），同比增长33.9%。

目前商品房空置基本保持上年水平。能否保持目前哈尔滨市商品房销售增长速度，缓解空置商品房总量的继续增长，已经成为影响今后哈尔滨市房地产持续发展的关键一环。

2006年前11个月哈尔滨市商品房销售额达到140.3亿元，比上年同期增长55.2%；

其中商品住宅销售额112.8亿元，比2005年增长67%；

房地产宏观市场环境分析

截至2006年11月末,商品房销售额稳中有升。

居民用于餐饮、住房、交通、通信、教育、旅游等方面的消费迅速增长,2006年全市餐饮业零售额达99.9亿元,比2002年增长76.3%;城市居民家庭人均全年住房支出比2002年增长79.6%,人均交通费支出增长53.1%,人均通信支出增长91.2%,人均教育支出增长38.9%。

2006年,哈尔滨市实现社会消费品零售总额895亿元,比上年增长13.5%,年均增长12.5%。现代大型商品流通企业迅速成长,至2006年末,全市共有超亿元的大型批发零售贸易企业26家,实现零售额167.8亿元,增长25%,占全部限额以上批零贸易企业零售额的68.4%。

(2)价格现状及走势分析

高价房集中在中心城区,截至2006年11月末,商品房平均销售价格为2758.3元/平方米,同比增长2.5%;

2003~2006年间,商品房销售价格保持稳定增长,预计未来将保持持续增长态势;

2005年销售均价在2500~3500元/平方米的中档商品住房最受欢迎,这表明居民对中低档住宅的要求量高于对高档住宅的需求量,价格仍然是居民购房的最关键因素。

① 价格现状——高价房集中在中心城区

2006年哈尔滨市市区商品住宅平均销售价格一直在2500元/平方米左右徘徊,直到11月末,商品住宅的平均价格才首次突破2600元/平方米。不过,在二环以内的中心城区,这一价位的房子很难买到。二环以内中心城区新建商品房价位集体大幅攀升是2006年哈尔滨市房地产市场最显著的特点之一。中心城区房地产供给严重不足,该市人口和外来人口需求旺盛等都导致房价上涨。2006年哈尔滨市二环以内高价位房集中出现,实际上是消费需求拉动房地产市场的一个明确信号。

② 2003~2006年商品房价格走势

2003~2006年,商品房销售价格保持稳定增长;截至2006年11月末,商品房销售额实现140.3亿元,商品房平均销售价格为2758.3元/平方米,同比增长5.3%;预计未来将保持持续增长态势。

③ 2005年哈尔滨楼盘销售情况

从房价上看,2005年各层次的住房均有相对充裕的供应,满足了不同消费能力居民的住房需求。居民对中低档住宅的要求量高于对高档住宅的需求量,价格仍然是居民购房的最关键因素。

销售均价在2500~3500元/平方米的商品住房最受欢迎,2005年全年累计销售236.4万平方米,平均销售价格为2811元/平方米;

销售均价在2500元/平方米以下的中低商品住房,全年累计销售177.7万平方米,平均销售价格1921元/平方米;

销售价格在3500元/平方米以上的高档商品住房需求也有较大增长,占总销量的11%。

(3)哈尔滨市住宅房地产市场发展总结

结论一:哈尔滨住宅市场发展较为稳定,价格在2000~10000元/平方米不等;

结论二:2500元/平方米以下的低价位住房较为畅销;

结论三:中高档项目销售状况一般;

结论四:哈尔滨的住宅市场主要高端项目以"哈公馆"、"金色莱茵"为代表;

结论五:高档市场上已运用特殊功能空间、新的设计方式,如错层、跃层,但是尚未出现以超大面宽、高级节能环保材质等为卖点的住宅项目,所以说明哈尔滨市房地产高档市场刚刚进入产品创新阶段。

第三节
竞争项目：甄选竞争对手，掌握项目信息

情报快递

1. 市场是无情的，消费者对公司所开发经营的房地产项目的态度，就是反映企业市场营销水平的重要标志，也是初步调查的关键内容；

2. 一般而言，一个调查样本越大越好，因为依据统计学上的大数定理，大样本可以降低误差；

3. 根据前面信息资料搜集以及上面初步调查的结果，可以提出调查的命题及实施的计划；

4. 现场调查即按调查计划通过各种方式到调查现场获取原始资料，并收集由他人整理过的次级资料。

情报口诀

1.确定调查目的；2.收集信息资料；3.初步调查；4.调查设计；5.现场调查。

· 经典语句 ·

企业竞争情报工作就是指在市场经济条件下，企业为发掘、保持竞争优势而开展的一切有关自身、竞争对手和竞争环境的情报分析。

一、掌握竞争项目的五项分析内容

内容一：分析楼盘的地理位置

　　从大的方面讲，就是调查竞争者及潜在竞争者的实力和经营管理优劣势；分析楼盘的区域历史沿革及区域特性(是商业中心、工业中心还是学院社区等)；了解区域交通状况(公交、地铁等交通工具，高架、轻轨、省市级公路、区县级公路等交通方式)；了解公共配套设施(水、电、煤等市政配套和公园、学校、医院、影剧院商业中心、超市、宾馆、图书馆、体育场馆、集贸市场、著名餐馆等生活配套)和人文环境等。从小的方面讲，就是楼盘地块的大小形状、所处位置、商品房设计、室内布置、建材及附属设备选择、服务优缺点，甚至它的东西南北的邻居是谁，它的进出道路如何，是否临街等。和其他商品不一样，楼盘的地理位置是楼盘不可分离的关键因素，它的优劣与否，往往决定了楼盘的大部分价值。

内容二：分析产品

　　这是楼盘市调的主体部分，重点在于了解楼盘的土地与总建面积、产品类别与规划、建筑设计与外观、总建套数与房型面积及格局配比、建筑用材、公共设施和施工进度等等。分析产品是了解楼盘的基础，只有认真分析产品，才能正确把握由此而产生的种种变化。产品因素中有一特别项目，虽不是产品本身，但却是产品的重要构成，它就是相关的公司资料，即知道楼盘的投资、设计、建设和物业管理等主要事项的承担公司是谁，他们的资质如何，彼此间是如何合作的，从而评估楼盘的资信度。

内容三：剖析价格组合

　　剖析价格组合即产品的单价、总价、付款方式、竞争性新产品的投入时机和租售绩效及其发展动向的组合分析。市场中，往往有许多价格方面的促销活动，但万变不离其宗，其最终归结于价格组合的三个方面。剖析价格组合并了解其运用策略是市场调查最吸引人的地方。

内容四：分析广告策略

　　广告策略分析主要是针对广告的主要诉求点、媒体选择、广告密度、广告费用和实施效果等进行的。

内容五：把握销售执行手段

　　这是最关键的地方，销售执行一方面是指销售点的选择、人员的配置、业务执行情况等，另一方面

Chapter four
分析类别：对企业所需各类重点情报进行研究

则是指什么样的房型最好卖，什么样的总价最易为市场所接受，销售渠道使用情况怎样，吸引客户最主要的地方是什么，购房客户群有什么特征等，所有的这一切都是市场调查所应该了解的。其中的销售状况是果，其他几个方面都是因，了解因果，分析其中的缘由，是单个楼盘，也是整个市调工作的全部内涵。

二、明确项目分析所需的调查规模

作为一项了解消费者期望和购买行为的调查，其规模越大，结果也就越令人信服。但是由于人力、物力、还有调查技术条件的限制，不得不从以下四个方面来考虑调查的规模。

1. 样本的数量

一般而言，一个调查样本越大越好，因为依据统计学上的大数定理，大样本可以降低误差。但是，大样本不可避免地要大量增加调查成本，而且在调查实务中，大样本也引进了额外的误差因素，诸如情报人员的疲乏、统计上的错误、回收率难以控制等。

2. 样本涵盖面的广度

样本涵盖面与样本数是相依的，抽样涵盖面越广，所需样本数就越大，若样本数不是随着抽样增大，则属于完全随机抽样法，虽然在整体上样本具有代表性，但对于各抽样样本来说，仍然不具有代表性。

3. 问题涵盖面的广度

如果调查内容太少，挂一漏万，就会失去调查的本意；反之，如果尽量增加调查的内容，问卷太长，会使调查者失去耐心；降低整个调查的可信度。此外，也极可能由于一部分调查者失去耐心，降低整个调查的可信度；还可能由于一部分调查者拒绝合作，造成严重的抽样偏差，这两个方面都会使调查结果量变引发质变，使调查失去了意义。

4. 调查的深度

一般而言，深与广二者就犹如鱼和熊掌，是难以兼得的。越是深层的调查，所要求情报人员的专业技术越多，所需时间越长，经费越高。

三、了解市场调查的六大步骤

步骤一：确定调查目的

这是进行市场调查时应首先明确的问题。目的确定以后，市场调查就有了方向，不至于出现太大的过失。也就是说，情报人员应明确为什么要进行市场调查，通过调查要解决哪些问题，有关调查结果对于项目或企业来说有什么作用。如果开始抓的问题不够准，就使以后一系列市场调查工作成为浪费，造成损失。一般来说，确定调查目的要有一个过程，一下子是确定不下来的。根据调查目的的不同，可以采用探测性调查、描述性调查、因果性调查、预测性调查确定。

（1）探测性调查：收集资料，确定问题

当企业对需要研究的问题和范围不明确，无法确定应该调查哪些内容时，可以采用探测性调查来找出症结所在，然后再做进一步研究。例如某公司的项目近几个月来销售业绩急速上升，公司一时弄不清楚什么原因，是宏观经济形势太好所致？是广告支出增加或是销售代理效率提高造成的？还是消费者偏好转变的原因等等。在这种情况下，可以采用探测性调查，从该项目售楼人员或者消费者那里收集资料，以便找出最有可能的原因。从此例可以看出：探测性调查只是收集一些有关资料，以确定问题所在。至于问题应如何解决，则有待于进一步调查研究。

（2）描述性调查：从外部联系上找相关因素

描述性调查只是从外部联系上找出各种相关因素，并不回答因果关系问题。例如在销售过程中，发现销售量和广告有关，并不说明何者为因，何者为果。也就是说描述性调查旨在说明什么、何时、如何等问题，并不解释为何的问题。与探测性调查比较，描述性调查需要有事先拟定的计划，需要确定收集的资料和收集资料的步骤，需要对某一专门问题作出回答。

（3）因果性调查：要找出事情的原因和结果

这种调查是要找出事情的原因和结果。例如价格和销售之间的因果关系如何？广告与销售间的因果关系如何？通常对于一个房地产公司经营业务范围来说，销售、成本、利润、市场占有量皆为因变量。而自变量较为复杂，通常有两种情况，一类是企业自己本身可以加以控制的变量，又称内生变量，例如价格、广告支出等；另一类是企业市场环境中不能控制的变量，也称外生变量，例如政府的法律、法规、政策的调整、竞争者的广告支出与价格让利等。因果关系研究的目的在于了解以上这些自变量与某一因变量（例如对成本）的关系。

（4）预测性调查：运用数学方法，估计未来产品变化趋势

预测性调查是通过收集、分析、研究过去和现在的各种市场情报及竞争项目资料，运用数学方法，

Chapter four

分析类别：对企业所需各类重点情报进行研究

估计未来某时期内市场对某种产品的需求量及其变化趋势。由于市场情况复杂多变，不易准确发现问题和提出问题，因此，在确定研究目的的阶段，可进行一些情况分析。例如房地产公司发现近期项目广告没有做好，造成消费者视线转移，为此便可作若干假设，如："消费者认为该项目房屋设计方案较差，不如其他房地产公司的广告所介绍的方案""售楼的广告设计太一般""消费者认为该房屋的四周环境不够理想"等。拟定假设的主要目的是限制研究或调查的范围，以便使用今后收集到的资料来检验所作的假设是否成立。

步骤二：收集信息资料

市场营销调查需要搜集大量的信息资料，其中有些资料需要经常不断地搜集，有些需要定期搜集，大多数是需要时才进行搜集。

步骤三：初步调查

初步调查的目的是了解产生问题的一些原因，通常有三个过程。

（1）研究搜集的信息材料

①研究企业外部材料。从各种信息资料中，了解一些市场情况和竞争概况，从中了解目前市场上哪类项目最好销？其价格如何？当地消费者对房屋产品有什么偏爱？

②分析企业内部资料。对公司的各种记录、函件、订货单、年度报表等内部资料进行分析，从而找出产生问题的原因和线索。

（2）与企业有关领导进行非正式谈话

从这些领导人的谈话中，寻找市场占有率下降的原因，如市场营销经理可能认为某项目价格订得太高；工程部经理可能认为设计并不十分合理，材料供应质量不高；材料部经理可能认为物价指数上涨太快，所划拨的经费不能全部采用进口或国内各种名牌材料等。

（3）了解市场情况

市场是无情的，消费者对公司所开发经营的房地产项目的态度，就是反映企业市场营销水平的重要标志，也是初步调查的关键内容。如想了解为什么消费者不购买该公司商品房，就需要对用户进行调查研究。

步骤四：调查设计

根据前面信息资料搜集以及上面初步调查的结果，可以提出调查的命题及实施的计划。比如近期的房地产业不太景气，资金积压过多，建造好的房子销售不畅，这是什么原因造成的呢？经过分析先拟定问题产生的原因，有两点：一点是国家宏观控制，银根收紧，消费者收入没有好转；另一点是广告效果不佳，没有引起消费者足够的兴趣，消费者储蓄待购。为了证实此命题的正确性，需要设计详细的调查方案，并采取有针对性的重点调查法，以配合个人访问法和电话调查法来进行调查研究。

竞争项目市调分析表包括案名、区位、投资公司、产品规划、推出日期、入伙日期、基地面积、建筑密度、土地使用年限、单位售价、付款方式、产品特色、销售策略、客源分析、媒体广告、调查日期等项目。房地产市场调查中普遍采用抽样调查，即从被调查总体中选择部分样本进行调查，并用样本特性推断总体特性。在实地调查前，情报人员应该选择决定抽查的对象、方法和样本的大小。一旦明确下来，参加实施的情报人员必须严格按照抽样设计的要求进行工作，以保证调查质量。

步骤五：现场调查

现场调查即按调查计划通过各种方式到调查现场获取原始资料，并收集由他人整理过的次级资料。现场调查工作的好坏，直接影响到调查结果的正确性，为此，必须重视现场情报人员的选拔和培训工作，确保情报人员能按规定进度和方法取得所需资料。

步骤六：调查资料的整理

这一步骤是将调查收集到的资料进行汇总整理、统计和分析。

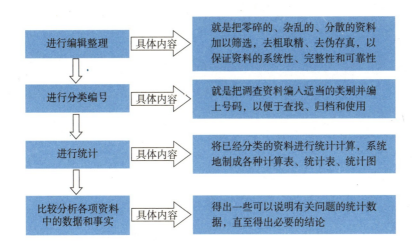

Chapter four

分析类别：对企业所需各类重点情报进行研究

相关情报

| 情报观点 |

其目的是建立相对的竞争优势，从而使项目在成都的大源组团、南延线和华阳板块的激烈竞争中脱颖而出。

| 情报运用 |

通过调查竞争对手目前状况并对其进行研究分析，为项目营销推广的思路、计划、诉求、表现和节奏等提出合理化建议。

| 超级链接 |

要想了解更多房地产前沿资讯，获得更多项目管理信息，那么就赶快配置一把财富金钥匙。
网址：dichan.sina.com.cn　邮箱：winfangbook@winfang.com　电话：020-61073242

房地产竞争项目对比分析

——成都某项目竞争项目研究报告

研究目的
（略）
研究对象
世纪城、神仙树大院、首座

研究设计
1. 项目介绍
2. 产品分析
3. 该项目卖点
4. 怎样攻击该项目的卖点
5. 该项目的弱点是什么
6. 我们的弱点是什么
7. 我们的卖点是什么

一、世纪城·天鹅湖花园

1. 项目介绍

地理位置	建筑类别	总建筑面积	绿化率
天府大道中段1号	复合地产（住宅+商业）	180万km²（其中住宅有75万km²）	60%
开发商名称	总占地面积	总户数	容积率
成都世纪城新国际会展中心有限公司	100万km²（其中20~26万km²住宅）	3000多户	2.5

2. 产品分析

分析要素	具体情况
房屋类型	32层高层电梯公寓 大户型：17幢 1500户 面积：200~300m²，最大面积为900m² 主力户型套型：4/2/双、3/2/双、2/2/双 中户型 6幢（户数未定） 面积：90~140m² 小户型 3幢 1800户 面积：50~100m² 主力户型套型：2/2/单、1/1/单
每梯	2~10户
单价区间	4900~5600元/m²
层差价格	20~50元/m²

续表

分析要素	具体情况
朝向差价格	20～50元/m²
开盘时间	一期大户型：2005年10月　二期小户型：2006年4月
交房时间	一期大户型：2006年6月　二期小户型：2007年9月
售出率	90%
项目档次定位	中高档
主题概念	居住为主
项目主要优势	大环境3万m²水景，投入2亿元进行绿化，拥有歌剧院、国际会议中心等配套
独到之处	配套完善，周边有200万m²的市政公园
目标群体定位	中高端群体

3. 该项目卖点

卖点一：超大规模的商住社区。

卖点二：后现代主义的建筑风格，成都具有想象力的建筑作品，外观为螺旋形的建筑，矗立在一座座独立的小岛上，110平方米以上户型都设计有6米层高的超大空中花园环绕居室，完全可以种树和修建水池。楼间距至少40米，无论什么户型和朝向，只要打开窗户，就能看到美丽的水景。

卖点三：拥有27万平方米的湖面和6000余株银杏，并被超过100万平方米的世纪城生态公园环抱。

卖点四：项目自身拥有非常完善的配套设施。

卖点五：具备五星级酒店服务标准。

4. 怎样针对该项目的卖点

针对一：居住环境

居住环境不纯粹，杂乱。

针对二：空中花园

6米挑高的空中花园按半面积计价，其实对于客户并不划算，而且非常影响客厅采光；现房楼间距和沙盘模型上严重不符，楼间距较近。

针对三：湖面

大面积的湖水治理非常麻烦，且费用很高，稍不注意可能会影响居住品质。

针对四：配套及交通

配套全在社区里，虽然方便，但居住环境不纯粹、太杂乱；而且全年会议较多，对交通状况影响较大。

5. 我们的弱点是什么

弱点一：区域的配套设施在项目销售周期内难以实现。可向客户宣扬"未来规划"，表明区域的未来随着市政府的搬迁会完善，同时可享受"世纪城"、"紫荆小区"和"桐梓林"片区的生活配套。

弱点二：交通优势不如世纪城·天鹅湖花园项目明显。站华路在机场高速下的十字路口处在上下班时会比较拥挤，不如天府大道交通状况好。项目距地铁口有800米，而"天鹅湖花园"距地铁口非常近。

弱点三：容积率高。项目的容积率是4.5，而其他项目的容积率只有2.5，所以可以向客户宣扬其2.5的容积率是整个"世纪城"的，而不是其住宅部分的，其住宅部分也是27层和32层的电梯公寓，算下来其实是差不多的。

6. 我们的卖点是什么

卖点一：纯居住社区，不受商业干扰，居住品质高，可以在销售说辞中向客户阐述。

卖点二：户型更注重经济性和实用性。

卖点三：外立面的色调、风格和材质更具观赏性，更耐看，更有品质感。

卖点四：园林景观更注重设计感和品质感，植物搭配更有层次、更趋于合理。

卖点五：项目采用尊贵、豪华的超级大堂设计，并对架空层进行景观处理。

卖点六：使用新风系统和生态湿地。

卖点七：周全的营销组织、卖场管理以及物业服务能够直接博得客户的好感。

卖点八：公司的品牌和业绩令人信服。

二、神仙树大院

1. 项目介绍

"神仙树大院"位于城南神仙树片区，居于"中海名城"、"清华坊"、"上海花园"等楼盘之间，是老城南三环路内最后一块顶级规模社区；距机场仅6分钟车程，毗邻规划中的一号地铁线站口，交通优势独步城南；举步即至百联天府、家乐福等大型超市、购物中心；银行、电讯、行政机构配套齐全；占地7万平方米的神仙树公园和19万平方米的体育公园环抱四周，自然环境清幽雅致；高新实验学校、桐梓林小学等重点教育机构造就浓郁学风；城南高新区汇集了大量的高新集团公司、跨国公司，是专家、高管、国际化人士等城市精英的汇聚地。

地理位置	总占地面积	总户数	绿化率
成都市紫荆西路2号	163263m²	一期706户，二期1600多户	30%
开发商名称	总建筑面积	容积率	车位
成都怡和天成房地产开发有限公司	653051m²	4.0	车位比例：1：0.75，一期530个，二期预计1200个

2. 产品分析

分析要素	具体内容
房屋类型	2梯4户17层电梯公寓
户型面积	97～240m²
主力户型	140m²、97m²、150m²
房屋价格	均价：一期5500元/m²，二期现在未定，估计会在6000元/m²左右 总价：55万～130万元
开盘时间	一期2006年11月，二期在2007年4、5月推出
交房时间	一期2008年5月
售出率	一期已经卖完
项目定位与档次	高档社区
项目主题概念	居住为主
目标群体定位	以公务员、南门附近工作者、南门二次置业者、南门大型公司白领为主

3. 该项目卖点

卖点一：区位——在老城南三环内，配套完善、成熟，片区品质高档。

卖点二：规模——是成都城南三环内所剩不多的大规模稀缺楼盘。

卖点三：项目规划和定位——中国人的院落情节，以国际化品质的高层建筑实现对院落精神的全新演绎。

卖点四：保留记忆与生活方式——片区厚重的历史文化痕迹和底蕴。"神仙树大院"保留了工业化生产的痕迹，原有的建筑文化和建筑元素被再加工，并被赋予新的使用功能和实现保留价值。

　　卖点五：会所——聘请日本后现代主义建筑大师矶崎新对苏式厂房进行重新改造设计。

　　卖点六：被两大主题公园（神仙树生态公园和成都目前规模最大的体育公园）所环抱。

　　卖点七：建筑外立面的色调、材质、风格都较有品质感。

4. 怎样针对它们的卖点

　　针对卖点一：楼间距相当近，对视情况严重，部分低楼层采光完全不足。

　　针对卖点二：开发商一直大力宣传保留下来的原生珍稀树种，其实并非那么名贵和高大。

　　针对卖点三：外立面虽然厚重且风格欧化，但已经是多年前过时的仿欧式风格，而且许多外墙装饰和结构线条加大了公摊，以至于两梯四户的房子公摊比率平均在17%~18%左右，对于客户来说不划算。

5. 我们的弱点是什么

　　弱点一：相对位置偏远，区域配套不成熟。

　　弱点二：从时间上看，"神仙树大院"的三期会截留我们一期来自城南区域的高端客户群，我项目可以通过宣扬价格的销售说辞来转化这一弱点。按它们现在的推广节奏来看，估计它们的三期会在年底推出，均价预计会做到6500元/平方米左右，这样我项目的一期就有了和其竞争的绝对优势。

6. 我们的卖点是什么

　　卖点一：公司品牌的知名度和美誉度。可以通过2006年三个项目启动时的整合品牌推广来传播公司品牌。

　　卖点二：城南新区的大规模、纯居住高品质社区。通过规划设计引导客户，让客户清楚这个新区不光有政府和名牌企业进驻，更是外来的实力大开发商联手打造的高品质、高品位的居住社区，与老城南良莠不齐的居住环境有非常大的区别，以此来增强客户的信心。

　　卖点三：样板房的展示。"神仙树大院"一、二期都没有修样板房，本项目可以通过对样板房的展示来增强客户购买的信心。

　　卖点四：交房标准的展示。"神仙树大院"同样没有交房标准的展示，只在购房合同上提了一下，本项目可以通过对交房标准的展示来增强客户购买的信心。

　　卖点五：在卖场品质、营销组织和现场管理上超越该项目。

Chapter four
分析类别：对企业所需各类重点情报进行研究

三、首座

1. 项目介绍

地理位置	建筑类型	总建筑面积	绿化率
成都市人民南路四段48号	复合地产（住宅+商业） 酒店20%、住宅55%、商铺10%、地下停车15%	17万m²	27%
开发商名称	占地面积	总户数	容积率
成都鑫达房地产开发有限公司	27万m²	3幢694户	5

2. 产品分析

分析要素	具体内容
房屋类型	高层电梯公寓
房屋户型	平层占95%，跃层占5%
主力面积	120m²、170m²
主推套型	120m²的两室两厅双卫、170m²的三室两厅双卫
房屋价格	清水：6200元/m² 精装：8000元/m² 全装：12000元/m² 层差价格：30元~100元/m²
开盘时间	2006年8月
交房时间	2008年7月
售出率	40%
项目定位与档次	奢侈派文化城市豪宅
项目主题概念	居住70%，投资30%，与国际接轨，国际公民居住区
项目主要优势与特点	高档住宅配合酒店式服务公寓，精品商业区
项目独特之处	地段优势，产品定位，规划设计超出普通居住区标准
目标群体定位	第三、第四次以上置业，高端金领，中产财富阶层

3. 项目卖点

卖点一：地段优势。地处人民南路不可复制的绝版地段，这里土地资源珍贵稀缺。

卖点二：CBD主轴之上惟一的城市中心高品质豪宅，具有成都传统富人区的领袖气质。产品定位、规划设计、配套资源的整合以及豪迈的国际形象超出了普通居住区标准，瞄准了目标群体的社会地位和阶层品位。

卖点三：创新的建筑方式。大跨度板式超高层，理性的玻璃飘板，素朴主义的黑色、米棕色、银色，散发着深邃的美学力量。

卖点四：奢华的个人空间。具有120多平方米的两室两厅双卫、170多平方米的三室两厅双卫等多种户型。

卖点五：产品标准高，有5座高速观光电梯，水暖地热隔声防噪系统、智能安防系统、双层中空隔音窗、低温热水地板辐射采暖系统等建筑高新技术。

卖点六：16354平方米的商业社交场所，谓之为"成都国际会客厅"。

卖点七：配套高档。豪华的业主大堂、西南惟一的挑空恒温游泳池、豪生国际五星级酒店、美国吉的堡外国语幼儿园以及儿童主题会馆、保姆村等配套满足小区内的生活要求。

卖点八：MASTER级物业管理（锦绣物管）。

卖点九：荣膺联合国"世界城市建筑规划创意奖"。

4. 怎样针对该项目的卖点

针对卖点一："首座"紧靠立交桥，交通不方便，车辆进出存在问题。

针对卖点二：户型设计太浪费，对于客户来说不划算。

针对卖点三：开发商的口碑不是很好，鑫达地产在开发曼哈顿一、二期中存在很多质量问题，能否保证承诺的交房标准和配套要打上问号。

针对卖点四：仅挑空恒温游泳池维护费用就非常巨大，以后肯定因难以维护而导致物管水平降低。

5. 我们的弱点是什么

弱点一：区域位置相对偏远，各种配套设施短时间内难以呈现，要通过对区域未来的规划阐述来增强客户的信心。

弱点二：在交房标准中没有"首座"那么多高新技术。到开盘时，"首座"的外立面大体呈现，它的售价会提高，此时本项目可以通过向客户宣传价格来转化这一弱点。

6. 我们的卖点是什么

卖点一：纯居住社区，没有商业的干扰和杂乱，非常安静且空气清新。

卖点二：户型设计更注重功能性、经济性和实用性，公摊面积小，得房率高。

卖点三：园林景观能够做得非常突出，业主能够充分享受到小区的舒适环境。

卖点四：相同面积的户型在价格上会比"首座"有一定的竞争优势。

卖点五：公司品牌具有一定知名度和美誉度，物业管理会有一个非常稳定的水准。

卖点六：豪华的超级大堂、景观架空层、新风系统和生态湿地。

第四节
消费者：明确调查要点，设计市调报告

情报快递

1. 在通常情况下，一个项目不太可能针对单一的目标消费者，即使规模较小的项目也不可能由一批客户消化；

2. 一般而言，不同文化程度的消费者具有不同的价值观念和审美需求，比如对于低学历暴发户而言，可能他们更讲究显富，讲究居住的身份象征等；

3. 客户的家庭收入、生活习惯、生活自由度影响到客户对楼盘的选择；

4. 调研问卷是围绕研究主题要收集的相应原始数据而预先设计好的一系列问题。

情报口诀

1.消费者需求研究；2.消费者特性研究；3.消费者构成研究。

经典语句

随着社会需求呈现出多层次的特点，企业必须根据区域、人口、消费心理、消费行为等因素进行市场细分，依照自身的实力及项目的具体情况，选择某一特定的目标市场，量化目标消费者，为满足或引导这个市场的需求而有针对性地进行设计、建造、营销。

第四节 消费者：明确调查要点，设计市调报告

一、把控消费者调查的三项要点内容

要点一：消费者构成研究

在通常情况下，一个项目不太可能针对单一的目标消费者，即使规模较小的项目也不可能由一批客户消化。进行目标消费者的细分主要是了解项目的主力消费者是谁，目标消费者由哪些客户构成，它们大约各占比例是多少。消费者的构成情况，将为项目产品类别配比、户型配比提供相当重要的决策价值。

消费者构成研究

消费者构成	具体内容
核心消费者	这是项目最重要的、所占比例最大的目标消费者，通常项目的相关决策以核心消费者为主进行制订
重要消费者	次于核心消费者的重要消费者，在项目客户构成中也占较大的比重
辅助消费者	该类消费者所占比例较小
其他消费者	这是一群不可预计的消费者

要点二：消费者特性研究

（1）消费者生活区域特征

受不动产影响，通常情况下，消费者置业具有较强的地域性特征，比如许多土生土长的当地居民，尤其是一些老年人，多年习惯于本区域生活，通常倾向于在原居住区域置业，具有极强的置业区域情结；又比如一些工作相对稳定的普通工薪阶层，大部分都以其工作区域为中心，以其可接受的距离为半径考虑置业区域。

（2）消费者年龄特征

通常可以按照年龄分成25岁以下、26～35岁、36～45岁、46～55岁和55岁以上五个年龄组。在国内，一般购房消费者集中在26～50岁左右，年轻消费者通常以首次置业为主，以满足居住需求而购房，而中年消费者通常是二次或多次置业为主，他们购房主要是为了提高居住质量或为了投资等。

（3）消费者文化程度

一般而言，不同文化程度的消费者具有不同的价值观念和审美需求，比如对于低学历暴发户而言，可能他们更讲究显富，讲究居住的身份象征等；而对于高学历客户，他们更讲究居住的品位格调，讲究楼盘的内涵价值。

Chapter four
分析类别：对企业所需各类重点情报进行研究

（4）消费者职业特征

可将消费者职业划分为机关/国企干部、外资/合资企业管理人员、私营企业工作人员、个体经营者、工人/一般职工、专业人员/技术人员/教师、退休人员等几类。客户的家庭收入、生活习惯、生活自由度影响到客户对楼盘的选择。

（5）消费者家庭特征

购买行为与家庭的生命周期也存在一定的关系，不同家庭对住宅有着不同的需求，即使是同一个家庭，处于不同发展阶段时，他们对住宅也有不同的需求，比如升学或者就业，甚至结婚后的一段时间内人们一般会选择在城市中心居住，当孩子出生后，才会产生购买更大面积住宅的需求。

（6）消费者收入特征

量入为出，消费者的家庭收入与消费者的楼盘选择直接相关，对高价位房的需求与较高收入水平家庭的经济承受能力密切相关。消费者收入特征反映出该消费者购房经济承受能力，与其选择的面积、户型、楼盘类别等存在着较大的关系。

（7）常用交通工具

交通工具反映出客户通勤能力，与消费者的收入水平、采用何种交通方式以及对交通成本的承受能力有关。要吸引消费者去郊区置业，必然要解决消费者居住地与工作地往返交通问题。

要点三：消费者需求研究

（1）消费者置业动机

消费者购房是用来居住、度假还是投资，是为了改善居住条件还是为了满足居住需求？这些问题也会影响到项目产品定位的决策。

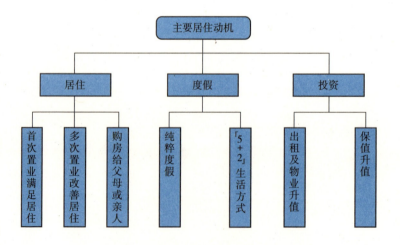

（2）消费者生活方式

消费者倾向于选择什么样的生活方式呢？这取决于消费者的价值观念，有些消费者喜欢选择市中心，享受市中心的繁华与便利，有些消费者喜欢在近郊置业享受清新的空气，有些消费者喜欢健康动感的现代生活，有些消费者喜欢欣赏返璞归真的田园风光。不同类型的消费群一般会有不同的生活喜好，楼盘的打造要迎合或引导目标消费者的生活方式。

（3）户型及总价需求

在户型面积方面，一般而言，对于同一个楼盘，如果面积越大，那么其针对的消费者层次也就越高，因为面积大，单位总价就高，对于消费者的经济承受能力的要求就越高。所以在设定楼盘户型的面积时，要考虑目标消费者的经济承受能力，考虑消费者的总价承受范围。

（4）装修标准需求

项目是毛坯房、简单装修、豪华装修，还是装修套餐，这需视消费者的需求而定。通常对于经济能力有限的消费者，倾向于选择带装修的物业，因为可以将装修费用打入楼价按揭，减轻经济压力；而对于高收入群体而言，他们更讲求生活的品位，更注重装修的格调，所以他们一般倾向于自己装修，在购房时通常选择毛坯房。

（5）生活配套需求

社区内规划哪些生活配套呢？除了日常生活配套外，不同消费群体对其他生活配套的需求也大不一样，如果楼盘是针对来办公的小企业，那么他们需要周边有商务服务中心等配套，如果楼盘针对社会上流阶层，那么就有必要规划高档次的配套设施。

（6）建筑风格要求

建筑风格除了迎合楼盘的整体形象、与项目所处位置的周边环境相融合外，也要迎合客户的审美情趣。对于年轻客户，通常喜欢简约明快、动感活力的建筑风格；对于上流阶层，则需要建筑立面体现出尊贵象征或独特的品位。

二、明晰消费者市调报告设计的两个注意事项

调研问卷是围绕研究主题要收集的相应原始数据而预先设计好的一系列问题。这些问题完整地展现了研究主题的各种特征，可以说问卷是研究主题以问题形式的细化。问卷可以看作是一种收集原始资料的标准化程序，每一个情报人员都按照相同的方式和顺序向被访者提问，在很大程度上避免了情报人员人为因素对被访者的影响。问卷也使被访者对同一主题的看法有了一个统一的评价基准。

Chapter four
分析类别：对企业所需各类重点情报进行研究

1. 根据需要选择问卷调查类型

如果以问卷设定问题的基本方式来划分，可以将问卷划分为封闭式问卷、开放式问卷和量表问答式问卷三大类。

（1）封闭式问卷

封闭式问卷是要求被调查者从问卷中给定的一系列选择项中，选择与自己情况或看法最为接近的一项或多项答案。封闭式问卷的主要优点就是易于记录，不容易发生错误或记录不全的情形，同时，由于封闭式问卷自身实际上已经提供了一个编码体系，使数据的录入和分析的进程能大大加快。

封闭式问卷一般包括单项选择题和多项选择题。单项选择题是指被调查者只能选择其中的一个选择项作为答案，各选择项之间是相互独立和排斥的。例如：

① 您的性别

男 [　　] 　　女 [　　]

② 您的年龄是

20岁以下 [　　]　　21～30岁 [　　]　　31～40岁 [　　]

41～50岁 [　　]　　51～60岁 [　　]　　61岁以上 [　　]

③ 您的住房是自有的吗？

是 [　　]　　否 [　　]

④ 如果您有自住住房，请问在哪一行政区域？

××区 [　　]　　××区 [　　]　　××区 [　　]

一般情况下，根据被访者主观看法的程度差异，采取单项选择题的形式时要极为慎重，有可能会造成重要信息的遗漏。

多项选择题是指被访者可以在给定的选择项中挑选两项甚至更多的答案作为选择，一般为突出优先顺序，问卷中会限定最多可以选择的数量。多项选择题常用于通过多种因素或选项反映被访者的看法。例如：

问题：选择住宅时，您最看重哪些因素（最多可选三项）？

选择项：位置 [　　]　　交通 [　　]　　环境 [　　]

　　　　户型 [　　]　　价格 [　　]　　物业管理 [　　]

其他（注明）_____

多项选择题遇到的主要问题是选项没有涵盖所有可能的情况，即选项不具备完备性，由此就会得出有偏差的结果。

（2）开放式问卷

开放式问卷是被调查者可以自由地运用自己的语言来说明对某一问题看法的问卷。例如：

问题一：您认为本公司推出的"全装修房"在市场中有什么优势？

问题二：您心目中的住宅小区智能化是什么样子？

问题三：您认为在小区环境设计中应注意什么问题？

问题四：如果您最近购买了住房，您是看中它的哪一点？

从上述例子可以看出，开放式问卷的优点在于，情报人员不对被调查对象进行限制，可以据此获得丰富的信息。开放性问卷还可以反映出封闭性问卷遗漏的选项，在问卷式调研中有较为突出的作用。当然开放式问卷的缺点也在于其自由性，被调查者的个性特征、反应能力会大大影响调研的结果。另一个突出的缺点是，它使调研结果的分析和处理较为困难。

（3）量表问答式问卷

量表问答式问卷是指将问题的选择项以不同强度的形式表现出来的问卷。例如，问题可以如下的形式表达：

如果确知今年房价水平会大幅上涨，目前您也没有自有住房，您会（　　）。

① 马上购买一套住房

② 可能购买一套住房

③ 不一定

④ 等等看再说

⑤ 肯定不会购买

量表问答式问卷的优点在于可以得到被调查者对于某一事物看法强弱程度的差异，并可以对这些回答运用一些统计分析方法得出有意义的结论来。缺点则在于被调查者可能对各类强度的区分理解不同，容易引起误解。

2. 设计问卷时要全方面考虑外界因素

在问卷设计中还要注意几个问题：

一是要切合调研方案中确定的被调查者群体的总体认知水平。要将被访者群体的这些特征作为选择问题、用语、解释性提示的限制条件，而不能依研究者本人的知识水平来确定。

二是问卷设计要顾及调研方案确定的经费预算水平，问卷的深度、长度和形式要适当，以提高效率，节约调研成本。

三是问卷设计要围绕调研方案确定的研究主题。

四是问卷设计要考虑适合调研方案确定的数据分析方法。

五是问卷设计要兼顾具体调研方法操作的基本特点。仅从询问法来看，入户询问、电话询问、因特网询问就具有不同的优点和局限性，通常电话询问和因特网询问中采取开放式问卷的效果就不如封闭式，而入户询问中采取开放式问卷的效果就较好一些。

Chapter four

分析类别：对企业所需各类重点情报进行研究

相关情报

| 情报观点 |

问卷调查能否了解民意，帮助调查者了解被访者的相关情况，方便调查者建立满足消费者需求的产品或者调整已有的产品设计。

| 情报运用 |

通过对长春市购房情况的调查，了解消费者的购房心理，有指向性地把握产品的设计思路。

| 超级链接 |

要想了解更多房地产前沿资讯，获得更多项目管理信息，那么就赶快配置一把财富金钥匙。
网址：dichan.sina.com.cn　邮箱：winfangbook@winfang.com　电话：020-61073242

消费者问卷调查

——2006年长春购房者购买意向与消费行为调查报告分析

发放份额：本次调查发放问卷1000份，有效回收问卷757份。

调查年龄：年龄最小的被调查者为21岁，最大的被调查者为62岁，平均年龄为37.69岁。

一、购房者年龄段

[调查结果] 20~30岁：32%　30~40岁：44%　40~50岁：16%　50岁以上：8%

[调查结论] 30~40岁购房者为购房主力

[结论分析] 调查显示，潜在购房者的年龄结构比较集中，主要是30~40岁这个年龄段，占了总人数的5

成。30~40岁这个年龄段已经走上工作岗位多年，收入基本稳定。在购房计划上多倾向于首次置业；其中也有大部分人群因工作稳定，收入较高，在挑选房屋时多为改善居住或投资性购房，消费行为更多了些挑剔和标准，而不是急于购买；这一年龄段的人群也因此成为高档住宅潜在的主力军。50岁以上年龄段在整个购房者中的比例占8%，该年龄段的购房行为主要是二次置业或为子女购房。

二、购房者职业构成

[调查结果] 任职公务员及事业单位：21%　企业（含国企、外企、私企等）职员：37%　私营业主：24%　自由职业者：11%　其他：7%

[调查结论] 企业职员和私营业主为购房主力军

[结论分析] 在本项调查中，任职于企业的人群和私营业主购房意向最为强烈，这部分人一次置业或对改善现有住房条件的需求较大，收入稳定且相对较高，具备购房和还贷的能力，因此也理所当然地成为住房消费市场的主力军。而收入较高且稳定的公务员及事业单位购房者已退居在第三位，因为这部分人群作为货币安置或福利分房政策的受益者，在前几年的购房热潮中已经先入为主，提前购房，或者单位有住房安排计划，目前这部分购房人群多为投资性购房。

三、购房者月收入

[调查结果] 2000元以下：17%　2000~4000元：39%　4000~6000元：29%　6000元以上：15%

[调查结论] 购房者购房能力明显增强

[结论分析] 调查中，购房者家庭月收入以2000~4000元所占比例最大。虽然问卷中所列选项金额跨度较大，但与2005年调查结果比较，该段位所占比例明显增加。一般来说，住房总价约为家庭年收入的10倍，以此推断购买能力，20万~40万元的住房应为长春市场主流产品。

在此项调查中，家庭月收入在2000元以下的占17%。房地产专家认为，买房的月供款不宜超过家庭月收入的30%，否则，这个家庭的整体生活质量就极可能要被购房所累。以2000元为例，采用银行按揭方式购房，考虑到生活开销和其他支出，还贷能力600元/月比较合理，更适合购买小户型房屋。4000~6000元的家庭月收入占29%，也是不小的比例，由此看来，总价40万~60万元的高端产品的潜在需求也是比较旺盛的。

四、预计购房时间

[调查结果] 2006年内：57%　2006年以后：43%

[调查结论] 半数以上购房者打算在今年买房

[结论分析] 57%的购房者表示会在2006年内购买住房，表明2006年的住房市场有着较强的购买需求，预计2006年将形成一个购房消费的高峰期。但结合下面调查结果可以看出，长春大部分的购房需求仍是以自住型消费为主，投资、投机性购房行为较少，加上众多上市楼盘的放量，所以，理论上不会造成北京、上海那种房价猛增的局面，房价会比较坚挺。

也有接近半数的购房者持有观望态度，但这种购房需求仍然现实存在，只是在一个时间段内，暂时延缓了对需求的释放。由此，长春房地产平稳发展也有稳定的支撑。

Chapter four
分析类别：对企业所需各类重点情报进行研究

五、选择购房区域

[调查结果] 朝阳区：32%　南关区：5%　二道区：20%　绿园区：10%　宽城区：5%

经济开发区：12%　高新开发区：11%　净月开发区：5%

[调查结论] 朝阳区、二道区最受购房者关注

[结论分析] 朝阳区发展时间比较长，生活、商业各项配套比较完善，受购房者关注是由来已久的，此次调查结果也不例外。而二道区随着区域规划的逐渐完善和新机场的通航等原因也在购房者的心目中加大了砝码。相比之下，绿园区、经济开发区、高新区也因区域发展与完善且房地产项目供给充足，具有较大的升值空间而受到购房者的青睐。

六、购房者买房目的

[调查结果] 满足居住要求：33%　改善住房条件：32%　为父母或子女购房：15%

第二居所：10%　投资：10%

[调查结论] 多数人的购房动机是自住，需求性消费仍然是主流

[结论分析] 通过对消费者购买住房目的的调查发现，目前消费者购买住房最主要的目的是解决居住或增加居住面积、改善居住环境之用；与2005年相比较，一个显著的变化是购房以投资为目的的群体比例下降最大，降幅约60%。国家相关政策的宏观调控和持续加息、银根收紧等一系列调控房地产市场的"组合拳"，确实对一部分投资者产生了影响。

七、承受的最高价位

[调查结果] 1000～1500：5%　1501～2000：25%　2001～2500：32%　2501～3000：20%

3001～3500：8%　3501～4000：5%　4001以上：5%

[调查结论] 单价为2001～2500元/平方米的房屋多被接受

[结论分析] 长春的房价在涨，尽管购房者心理上希望房价是越低越好，但在实际购房中，面对2000元以下单价的楼盘已经很难找的现实，购房者也变得比较理性。调查中，2000～2500元/平方米的比例占32%，表明有1/3的购房者可以接受这个价位的房屋，购房者的购买能力明显增强。

八、能承受的最高总价

[调查结果] 15万元以下：26%　15万～25万：23%　25万～40万元：33%　40万～60万元：10%

60万～100万元：6%　100万元以上：2%

[调查结论] 多数购房者能承受的总房款为25万～40万元

[结论分析] 经济学上讲的需求是有支付能力的需求，不管购买者的愿望如何，没有支付能力的需求都是不现实的。调查显示：从总房价来看，目前约有1/3的购房者能够接受总价在40万元以下的房子，这个价格以内的住房仍是市场主流。

九、采用的付款方式

[调查结果] 一次性付款：15%　　银行按揭贷款：43%　　住房公积金贷款：34%　　组合贷款：5%
　　　　　其他：3%

[调查结论] 银行贷款仍是首选的付款方式

[结论分析] 从调查中可以发现，居民购房的资金来源仍然主要依靠银行贷款。随着人们收入水平、消费水平的提高和消费观念的不断改变，银行贷款在购房资金中的比例将不断增加。虽然央行在个人房贷利率方面不断地加息，但对于那些有真实需求的购房者来说，影响不是很大。住房公积金贷款与商业贷款相比，因贷款利率较低、贷款成数高等优点，受到很多购房者的青睐，但其还要受缴存年限等限制。

十、每月还款额度

[调查结果] 1000元以下：30%　　1000～2000元：29%　　2000～3000元：13%　　3000元以上：8%

[调查结论] 多数贷款购房者能承受的还款额为1000元/月左右

[结论分析] 调查中，"1000元以下"所占比例为30%，"1000～2000元"所占比例为29%，相差很微小，这里姑且按每月还款能力为1000元推算，家庭月收入可在2000～3000元之间，能接受的房屋总价约为20万～30万元之间。因为我们是按下限统计，所以，总价20万～40万元之间的房屋依然是市场主流。

Chapter four
分析类别：对企业所需各类重点情报进行研究

相关情报

情报观点

针对泸州房地产的发展现状，从消费者需求面积、畅销户型、可接受价格、置业区域偏好等角度切入，深度剖析泸州房地产市场消费需求。

情报运用

依据对泸州房地产市场在售楼盘进行综合、地毯式深度调研，并与典型楼盘销售主管、销售业务人员及现场购房消费者进行深度访谈。

超级链接

要想了解更多房地产前沿资讯，获得更多项目管理信息，那么就赶快配置一把财富金钥匙。
网址：dichan.sina.com.cn 邮箱：winfangbook@winfang.com 电话：020-61073242

房地产消费需求调查

——泸州某项目房地产市场消费需求分析

一、泸州市消费者收入调研

从调查数据分析，月收入在1000～1500元以上的占泸州市居民收入构成的37%，其次是收入为700～900元的人群。

另外1600～3000元/月，占29%，综合消费能力与本地房地产市场平均价格分析，1600～3000元/月最具购买实力，而且所占比例最大。

二、置业区域选择

目前泸州市房地产市场发展区域以两江之间的中心半岛城和沱江以北的城北区域两大竞争板块为主。

以上数据是从销售数据名单中分析的结果。从消费者对购买住宅的区域分析上看，倾向在中心半岛购房者占到68%，城北购房占到25%。

对整个泸州市来说，现阶段上述两个区域是消费者购房置业的主要集中区域，中心半岛是全市的政治文化中心，加上当前的住宅开发规模，这个数据足以说明中心半岛城区在泸州市民心中的地位。一部分本地与外市县消费者选择城北区域品质较高、价格较低的产品。中心半岛城与城北新区成为泸州竞争力最大的两大板块。

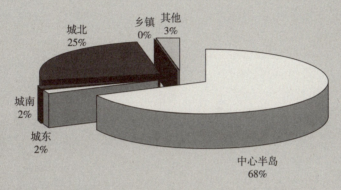

1. 区域置业心理倾向因素

以上消费者置业心理因素数据分析，对社区环境、景观的要求在众多置业因素中占最大比例，说明消费者对产品品质及生活质量的消费需求在逐渐提升，开始关注生活质量、关注生活舒适度的消费者比例逐渐扩大。其次置业因素主要倾向距离工作场所近和方便子女就学。

2. 区域置业观念倾向因素

对于任何城市，价格始终是消费者最关注的重要因素。泸州市是西部三线城市，城市经济发展相对缓慢，资金实力弱，综合消费力整体较低，因此价格更是消费者首要关注的第一要素。根据泸州本地多层次消费者访谈分析，按如下梯级排列：

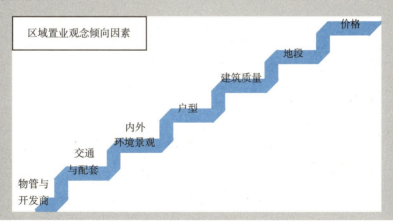

根据以上图标分析，可以看出目前泸州房地产消费者的理性消费程度还是偏低；

开发商在消费者心目中的信任度偏低，购房置业的主导观念首选是价格，其次是对生活质量和生活品质的要求，基本以上述梯级层次作出对楼盘项目综合质素的判断与选择。

三、改善住宅条件而购房的需求强劲，成为购房动因主体

根据泸州市本地市场调研分析，泸州市民目前的住房基本满足居住需求，2002~2004年的强势旺销，主要原因是泸州市本土消费者第一次换房及外来务工人员置业；

由于本地投资价值不明显，置业者主要以自住为主；

目前第一次换房置业的比例下降幅度较大，但还有相当一部分层次较高的客户，因目前市场产品品质及社区环境较低而不愿置业；

用二八定律筛选，按泸州50万人口计算，约2万人有再次置业需求；

可以看出，当前泸州市消费者对住宅的需求是积极的，只要有符合他们需求的产品出现，他们就将成为消费的主体。

四、结婚购房基本趋向稳定

结婚购房比例在大多数城市属于稳定置业者，根据泸州本地数据统计，由结婚产生的购房需求的比例基本稳定在16%上下。

五、消费者可接受价格

依据2005年泸州房地产市场住宅售价及销售状况数据采集分析，消费者最可能购买的房价范围在1000~2500元/平方米之间。

消费者最高承受能力均价较2003年、2004年有较大提升。2002年为900元/平方米，到2003年为1100元/平方米，到2004年为1300元/平方米，2005年上半年均价为1500元/平方米，2005下半年均价提高到1600~1700元/平方米。

消费者所承受总价能力在10万~30万元之间，最高承受能力均值为20万元。

六、需求面积分析

依据泸州房地产市场在售楼盘销售数据分析，需求面积在80平方米以下占6%，在80~110平方米之间的占38%，在110~130平方米之间的占42%，在140~160平方米之间的占12%。由此可知，在80~140平方米之间的户型占到总份额的87%，是大部分消费者的选择。

七、物业类型倾向

　　置业者在物业类型的选择上,选择多层的约占90%,其次是小高层不足10%,高层的受众比例不到1%。主要原因是受传统居住习惯影响和小高层、高层的居住成本高。

　　多层物业分摊面积较少,物业费较低。一部分中高层收入者,钟情于小高层和高层物业视野广阔、物业品质高档和配套设施现代化等突出优点。

八、户型结构倾向

　　依据目前在售项目的户型调研分析,喜好选择平层的居多,次之为错层、跃层。人们比较能接受新的错层和跃层户型,但传统的平层依然是市场的主要需求。

　　畅销的户型主要以三房两厅为主,占总量的54%,选择两室的占27%。

《地产高管情报分析兵法》 **Chapter five** 课程 5

组建团队：筹建情报队伍势在必行

CHAPTER FIVE ↘

>>> >>>

组建团队：筹建情报队伍势在必行

把握设立情报部门的三个
必问点
情报人员要通过从不同的部门得到项目资讯来维持部门的自下而上运作。因此大规模的企业更应该把竞争情报部门设为单独的一个部门，便于开展工作。

建立情报部门的三条
管理规范
作为一个特殊行业，房地产企业的情报收集不可轻视。建立情报部门，明确部门职能，是展开市场情报调查工作的前提。

把握情报体系的三个
管理要点
竞争情报系统所面临的环境越来越复杂，企业之间的竞争越来越激烈，使得原来通过手工收集和分析情报的模式很难适应这样一种局面。所以要加强情报人员能力培训，导入软件系统。

第一节
把握设立情报部门的三个必问点

情报快递

1. 竞争情报需要高素质的专业人员进行分析加工,计算机软件及系统作为辅助工具;
2. 通过内部的竞争情报活动使情报部门所做的工作能够为人所知,争取企业内更多人支持竞争情报工作;
3. 真正出成绩之前切不可将目标设得太高,也不能将企业的期望值提得太高,以免短期不出成绩而失去各方支持。

情报口诀

1. 高效运作;2. 精简机构;3. 工作模式。

随着经济的多元化与全球化,市场影响因素变得越来越多,越来越复杂。企业要想在如此复杂与动荡的环境中立稳脚跟,就必须通过合法手段开展有关竞争对手、竞争环境等竞争情报的收集与分析工作。

Chapter five
组建团队：筹建情报队伍势在必行

韩国三星公司派驻在美国洛杉矶的员工通过报纸看到一则消息：由于进口廉价的韩国产品，美国最后一家吉他工厂将要关闭。该员工把该消息送回首尔的公司总部，总部的竞争情报部门立刻对该信息进行了如下分析：吉他是美国独立和自由精神的象征，它的消失就像牛仔的消失一样会令美国人难以接受；美国可能会对吉他进口采取限制措施，国会有可能会通过提高关税的手段来保护美国这一具有象征意义的产业。于是三星公司抓紧时间，尽可能地抢先将更多的吉他运往美国，存入仓库。结果正如他们所预料的那样：美国国会提高了吉他进口的关税。由于三星已有大量的存货，因此尽管关于关税的新规定生效了，但三星仍赚取了很高的利润。

房地产业是一个投资巨大、回收缓慢、回报丰厚、具有风险的极其复杂的系统工程，无论其投资与消费都不离开金融的支持，因此房地产业的金融风险是必然存在的。许多金融危机的发生也都与房地产业出现的问题有关，或者说都是从房地产泡沫的破裂开始的。因此防范房地产的金融风险与防范金融危机的发生是密切相关的。面对当前由美国次贷危机所引发的金融危机，我们也能从中得到些启示：加强对我国房地产金融风险的监管和防范就成了当前我国经济发展中的重要内容。

但是，在现实的运作中，不少竞争情报部门都形同虚设，没有起到真正的效果。为什么会出现这种情况呢？企业的竞争情报部门应该如何有效工作？

必问点一：为什么情报部门不能高效运作

许多企业的竞争情报部门的工作不能达到预期效果，这是企业领导者及情报人员对竞争情报的认识不足造成的。因此，要建立高效的竞争情报部门，就要了解竞争情报的"是"与"不是"：

1. 竞争情报是什么

它是帮助决策而经过分析加工的信息。

它是一种工作流程：如何正确使用及提供竞争情报应成为企业每个员工的一种工作方式，而不应当仅仅局限于情报部门。

是高度人性化的分析过程：竞争情报需要高素质的专业人员进行分析加工，而任何计算机软件及系统只能作为人的辅助工具。

它需要高层领导的直接领导：只有在企业高层领导的直接指导及推动下，情报工作才能达到最佳效果。高层领导不必亲自参与项目的实施，但必须给予必要的资金及人员支持。

它需要团体间的充分协作：与情报有关的信息，60%在企业内部或人际网络中已经存在，因此，要与企业各部门建立良好的沟通与合作伙伴关系，切不可闭门造车。

2. 竞争情报不是什么

（1）不是先知先觉

即使最优秀的竞争情报人员也不能先知先觉，他们只能根据收集到的信息对营销及竞争环境进行较为合理的估计。因此，企业不能太依靠竞争情报人员。

（2）不是数据及表格

有些竞争情报人员只是罗列大量的数据及表格，把信息当作了竞争情报。事实上，数字只能表明问题的一个方面，诸如管理思想、市场战略及创新能力等重要情报则需要竞争情报人员进行定性分析，并融合经验和直觉才能得出。

（3）不是独角戏

有些企业竞争情报部门往往扮演独行客的角色，自己单独行事。殊不知，一个优秀的情报部门应该随时与企业管理层保持密切联系，并且要对企业其他部门（尤其是那些直接面对客户的部门）的员工进行竞争情报采集与使用的培训。

（4）不是新闻及网上言论

报刊新闻及网上信息是竞争情报收集的重要来源。但由于网上信息往往真假难辨，而报刊新闻又具有很大的滞后性，因此，这些信息不能直接提供给需要者。

必问点二：如何使情报部门不再形同虚设

要建立高效的竞争情报部门并且成功运作，可以遵循以下步骤：

1. 正确设立情报部门

对于不同行业及不同规模的企业，其所面临的竞争状况亦不相同，因此其情报部门的设立各有差异，但企业可以根据自身情况选择以下方案的一种或几种进行设立。

Chapter five
组建团队：筹建情报队伍势在必行

（1）企业盈利主要来自何处

企业挣钱的关键领域就是情报部门应该设置的地方，如有些企业以销售为主，有些企业以技术开发为主，则情报部门就应该分别设在销售部和技术开发部。

（2）企业新产品来自何处

如在生物制药等领域，新产品来自企业的研究与开发部门和科学家；很多软件公司的新产品来自销售人员和客户打交道时产生的新思想，因此，情报部门应该分别设在研究与开发部、销售部。

（3）企业所面临的最大威胁来自何处

如果公司的核心目标是保证企业以低成本生产产品，则如何降低生产成本是竞争情报的关键课题，因此，情报部门应设置在制造部门；对于许多私企来说，老板一旦决策失误，对整个企业将是毁灭性的，因此，情报部门就应该设在行政主管部门。

（4）将情报部门作为一个独立的部门

大规模的企业可以将竞争情报部门设为单独的一个部门，便于开展工作。

2. 情报部门设立之前做好自我考察

①要了解本企业到目前已从事了哪些情报活动；已经掌握和尚未掌握的情报有哪些；为了弥补已知与未来情报的差距，企业应该做些什么；怎样完善企业情报体系；情报人员是否能与企业的决策者坐在一起讨论企业的发展战略。

②要了解一个组织有序的竞争情报对工作有什么作用，如何将战术情报提供给销售人员，将战略情报提供给决策者，将技术情报提供给研究与开发人员。

③要了解情报人员在情报工作中能发挥什么作用，是收集情报还是分析情报，应该如何与企业内外的人际网络保持联系。

④发现不同用户最主要的情报需求。企业战略决策、早期预警、市场监控等方面是有不同的情报需求的。

⑤发现情报工作的重点。企业在作出战略决策时，需要优先建立一个情报收集系统。

⑥明确从事情报工作所需的技能和人力资源。

3. 建立情报项目并确定目标

通过最大程度的沟通，与企业内部的用户建立起伙伴关系，并尽可能保证各部门的协作和参与；做出一个短线出成果的情报项目，以取得公司的信任与支持；第一年的目标一般可以这样确定：

①建立竞争对手资料库，保证在持续不断的基础上跟踪2~3个关键竞争对手；

第一节 把握设立情报部门的三个必问点

②采取适当措施,在公司内外部建立起信息收集反馈体系;

③寻找适合本公司的有效的信息提供方法,如简报、例会等。

通过内部的竞争情报活动使情报部门所作的工作能够为人所知,争取企业内更多人支持竞争情报工作;

真正出成绩之前切不可将目标设得太高,也不能将企业的期望值提得太高,以免短期不出成绩而失去各方支持。

必问点三:为什么情报人员的工作模式不够高效

一个优秀的情报人员需要一定的天赋、一段时间的学习和实践。情报人员通过长期的摸索和经验积累,才能找到适合本企业的工作方式,不可能一蹴而就。

以下的工作模式,供相关人员借鉴:

①每天上班后,用1~2小时的固定时间来满足公司内部各相关部门提出的情报要求。最好是各部门先在前一天以书面的形式提出要求,情报人员通过查找资料库来答复。

②每天花费约1小时的时间来浏览有关竞争者的新闻(报刊杂志及网络),再将这些新闻有选择地用于每周的监测新闻简报中。每周末,将所有的资料进行分析总结并将其发给核心用户。

③每天大约用3~4小时来维护资料库(如与内部人员及销售人员进行交流),以保证其时效性。

④情报部门应每月开展两次以上的竞争情报培训及宣传工作,不断将情报的重要性及收集技巧传达给公司全体人员,增加情报意识。

根据国内外公司成功的经验,竞争情报工作是一个持续的、长期的、人人参与且得到管理层高度信任的工作。但是对于情报部门来说,不能以此为借口,迟迟不出成绩,必须尽快适应环境、进入角色,及早为企业提供有效的情报支持,只有这样,企业的竞争情报工作才有长久的生命力。

企业的竞争情报工作具有很强的实践性,情报工作人员需要有一套特定的思路、洞察力和分析能力。

第二节
建立情报部门的三条管理规范

>>> >>>

情报快递

1. 需要有一个专门部门负责房地产行业市场信息资讯方面的收集及研究，然后再形成整个公司的信息共享；

2. 评估中重要的一项就是市场可行性分析，针对项目展开全面的市场研究，从市场角度考虑项目的可行性，降低项目投资风险；

3. 根据情报研究在房地产领域中的作用，情报部门需要设置相应的职位，明确职能；

4. 除了为某些特定的市场调研而展开的市场调研培训及部门新员工入职时的培训外，情报部门有必要为了提高员工的工作能力而展开日常的定期培训。

情报口诀

1.部门职能；2.组织架构；3.运作方案。

· 经典语句 ·

　　企业的竞争情报工作具有很强的实践性，需要一套特定的思路、洞察力和分析能力。一个情报部门需要系统化的规章制度和部门管理来构建和完善。

第一条：核定情报部门首要职责

1. 情报研究在房地产领域的角色定位

角色一：行业市场信息资讯的集散地

市场是一个项目甚至公司的生存基础，任何公司或个人都存在对行业市场信息资讯的需求。但由于所从事的工作职责不同，不可能每个人或者公司每个部门都专门去搜集房地产行业市场信息，这就需要有一个专门部门负责房地产行业市场信息资讯方面的收集及研究，然后再形成整个公司的信息共享。

角色二：行业市场内在规律的探索者

有了这样一个专注于行业市场的部门，大大增强了企业的市场研发能力，使公司各方面的运作与行业市场紧密联系在一起，顺应市场的发展趋向，有助于企业的改革创新。

角色三：项目运作的市场参谋

情报部要深入到项目运作的各个环节，对关键环节进行分析研究，因此该部门成为项目各个运作环节的决策参谋。

① 项目投资决策的市场参谋

现在的房地产市场不同于以前的市场，政策法规不断完善，市场日趋成熟，竞争更加激烈，即使是非常有经验的大开发商也不能轻言任何一个地块投资后都能成功开发销售，这需要企业在项目投资前作出严密的评估。

严格来说，按现代市场营销的要求，是先找到市场需求，再去找相应的地块开发楼盘来满足市场需求。但由于房地产行业土地供应的局限性，对于大部分开发商来说，可能发现了市场需求，但要找到能满足此需求的地块来开发相应产品是相当困难的。所以通常情况下是先有地块、后有需求评估。

评估中重要的一项就是市场可行性分析，针对项目展开全面的市场研究，从市场角度考虑项目的可行性，降低项目投资风险。

此时，作为市场一线专家，情报部门就起到了项目投资决策市场参谋的作用。

② 项目产品研发的市场参谋

每个项目楼盘不可能无限制地任意开发产品，都需要根据项目本身情况、当地市场走势、竞争实况进行合理地开发。

上海某知名开发商，在安徽某三级城市投资上几十万平方米的地块，按以前该公司在上海市场的楼盘产品模式进行规划设计，他们认为在上海这样的市场这些产品都能卖得火爆，那么把上海产品挪到安徽三级城市岂不更加领先、更加先进？

他们犯的致命错误在于只从产品本身上考虑研发，而没有从市场角度考虑。以这样的思路来开发，

Chapter five
组建团队：筹建情报队伍势在必行

产品质素、小区环境在该三级城市确实处于领先地位，但由于两地市场的巨大差异，产品与市场脱离，因为上海跟三级城市完全是两个市场概念，上海市场的客户需求跟该三级城市的客户需求完全是两码事，即使产品做到形式最好、质素最高也无济于事，因为最终的产品是卖给当地客户的，而不是卖给上海客户的。

所以在项目规划设计前，就需要展开市场研究及产品研发，这个时候，就需要情报部门与其他相关研发部门紧密合作，尽可能地保证项目的规划设计是从当地市场出发的，是切合目标市场需求的，是适销对路的。对于大规模、开发周期跨年度的项目，就需要带着前瞻性的眼光，预测目标市场在项目开发周期内的变化及发展，制定相应的产品研发建议，再交付规划设计单位进行产品的规划设计。

作为市场一线专家，此时的情报部门立足市场角度，成为项目产品研发阶段的市场智囊团。

③ 项目推广销售的市场参谋

至项目推广销售阶段，正式展开与市场的短兵相接，各项实操环节灵活多样，楼盘策划者需要根据市场现状、客户的反应、楼盘的自身特征等，制定项目的推售计划，展开项目的推广销售。

所以，项目的推广销售同样离不开对市场的研究，尤其是对目标客户、对竞争楼盘的紧密跟踪，要时刻保持对市场变化的敏锐触觉，如果让这些楼盘策划者亲自来做，一方面他们没有足够的时间和精力，另一方面也很难达到研究的精度及深度。

此时，作为专业负责搜集和分析市场情报的部门，具备更佳的部门条件及市场资源，与楼盘策划部门紧密合作，起到项目推广销售市场参谋的作用。

2. 情报部门的七种核心职能

根据情报研究在房地产领域中的作用，情报部门需要设置相应的职位，明确职能。

职能一：收集及整理区域房地产行业资讯

建立畅通的信息资讯渠道，专人定期负责房地产行业资讯的收集及整理，并通过合理的方式发挥行业资讯的市场作用，形成资讯共享，达到资讯利用的最大化。这是情报部门的基础职能。

行业资讯的采集需要专人负责、长期累积，站在市场一线，及时了解、掌握各方面的行业动态及市场信息，如区域房地产宏观投资环境、土地供求动态、楼盘动态、购房客户的需求等，并避免重要信息的缺漏。

职能二：筹建及管理地产资料库

筹建实用地产资料库是情报部门对房地产行业信息的再处理过程。

面对大量的、杂乱无章的相关信息，如何让信息更有效地为我所用，这就需要对各类行业资讯进行有序地分类归档，建立便捷的查找方法，确保各类信息多而不乱、散而有序。最终成为行业信息资讯的集散基地。

职能三：跟踪区域房地产行业市场及竞争对手状况

深度关注市场动态，密切跟踪市场变化，敏锐把握大势动向，并通过合理的方式反馈研究成果，把眼睛盯在明天的潜在市场上，系统地进行市场发展需求分析和预判，了解竞争对手的目前战略规划和即将采取的战略动向，为企业发展战略及项目发展提供依据。

职能四：研究日常房地产行业专题

在把握大势的基础上，在日常工作中不定期地针对某些市场热点及某些有价值的市场现象展开专题深度研究，比如对某市场出现小户型热潮，有关重要房地产政策法规的颁布对房地产业的影响，某楼盘的创新营销手法等进行专题性研究。

职能五：进行项目市场可行性研究

提供专业的项目投资市场顾问服务，对项目征地投资决策进行市场可行性分析，针对项目展开全面的市场研究，从市场角度考虑项目的可行性，降低项目投资风险。

职能六：进行项目发展市场研究

通过市场研究，从市场角度出发，科学地确定项目的发展方向，提出项目发展的初步建议，指导项目的规划设计。关注国内外房地产市场，研究国内外各类建筑产品本身设计的特点，包括建筑风格、外立面、建筑布局、户型设计、园林景观、绿化以及配套设施等；结合本地市场需求及地块实际情况，科学确定出项目的产品定位。

职能七：进行项目推售市场研究

监测楼盘竞争环境、跟踪客户动向、倾听客户声音、关注市场变化，建立与楼盘策划部门紧密的合作关系，为推售各环节的专项决策提供相应的数据信息支持，指导项目推售计划。

确定了上述部门职能后，就可以根据部门职能的要求，确定情报部门的组织架构及各职位人员的职责。

第二条：设计部门组织架构，确定工作职责

1. 情报部门组织架构的创新性规范

从情报部的职能上明显看出，主要可划分为两大职能板块：第一职能板块是市场及竞争对手的资讯搜集及研究，第二职能板块是项目研究，这两大职能相互配合、相互支持。根据这两大职能，将情报部门分为市场资讯研究组及项目资讯研究组。

Chapter five
组建团队：筹建情报队伍势在必行

上述的组织架构只是情报部的基本简单架构，将视部门实际工作量及工作性质，看是否增加其他职位或研究员的数量，比如是否配备研究助理，是否配备文员等。

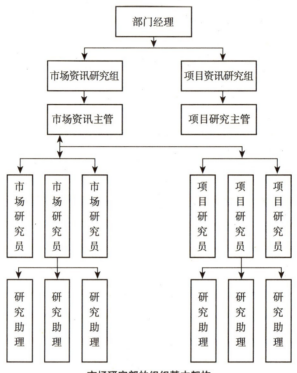

市场研究部的组织基本架构

2. 市场资讯研究组工作职责

第一，建立完善的资讯收集工作"流水线"，建立固定的信息渠道（如报刊、网站、每周定期踩盘等等），专人负责行业市场资讯的收集及整理；

第二，负责地产资料库的具体运营，包括资料的整理归档、资料库的索引设计及资料库的日常管理；

第三，紧密关注市场，跟踪市场动态，把握竞争对手动向，系统地进行市场发展及需求分析和预判；

第四，不定期地针对市场热点或某些市场现象展开有价值的专题深度研究；

第五，建立市场资讯的应用模式，发挥市场资讯的具体应用价值。如定期刊出市场周刊、月刊、季刊、年刊，使之成为公司内的市场信息流通平台。而对于代理公司来说，除了提供销售代理服务，还提供市场咨询服务，并发挥资讯上的优势，定期在媒体上发表相关文章。

3. 项目资讯研究组工作职责

第一，项目投资市场可行性评估分析，为投资决策者提供项目投资的市场决策依据。

第二，参与项目的研发及规划设计，参与项目发展报告的撰写。针对项目本身，进行深入的项目市场研究及产品论证，提出切实可行、切合市场的项目发展建议。

第三，与楼盘策划者共同组成楼盘实操项目组，建立与楼盘策划部门紧密的合作关系，参与项目的策划及销售会议，共同负责楼盘的推售工作。监测楼盘竞争环境、跟踪客户动向、倾听客户声音、关注市场变化，指导项目推售。

第三条：情报部门持续运作的解决方案

每个公司都有相应的制度，情报部门同样需要在公司制度的基础上针对部门的具体运作制定相应的部门制度。

方案一：每周召开例会

每周定期举行部门例会，由部门负责人主持。在例会举办前，除了常规议题外，部门负责人预先根据部门的情况确定例会的其他议题，其他出席人员准备好常规议题的相关资料。

一般例会的主要内容是：

内容一：对上周工作的完成情况进行总结并对相关问题展开探讨；

内容二：对上周市场信息的会上交流（如每周踩盘方面的信息交流等）；

内容三：部门负责人落实本周的工作计划；

内容四：其他事项。

方案二：定期组织踩盘

每周末安排部门内员工进行踩盘，踩盘通常由市场资讯研究组负责人统一安排，在每周五根据各楼盘的广告及该楼盘的本周动态，制定踩盘安排表，有重点地选定调查的楼盘，确定调查的时间、调查相关的要求及注意事项、调查人等。视具体情况，每个人负责两至三个楼盘，在周六或周日进行踩盘。

踩盘后由该楼盘的调查人填写楼盘调查表，对踩盘的资料及数据进行整理，编写楼盘个案分析，在每周例会后交由地产信息库负责人，将楼盘资料加以归档。

资料的整理分析需在每周例会前完成，以方便踩盘人员在每周例会上能够系统性地交流各楼盘的相关资讯。

方案三：工作人员每周补休

每周补休制主要是出于市场研究部员工周末踩盘工作考虑，由于周末要加班进行踩盘，所以有必要设定相应的补休制度。

Chapter five
组建团队：筹建情报队伍势在必行

员工具体的补休时间视该员工本周的具体工作时间安排而定，比如本周前几天工作较多，那么该员工就不应该在此阶段补休。

员工补休需提前一天告诉该组的主管，比如该员工是市场资讯研究组的研究员，那么就需要在补休前预先报市场资讯主管，该组主管根据该员工本周手头工作情况考虑是否批准，经主管批准后方可补休。

如果该员工本周工作量较大，那么具体补休日可延至下一周。

方案四：随时评估，随时考核

市场研究部员工在每周一需填写本周工作计划表，列明上周工作的进度及完成情况、本周工作的计划安排、是否存在工作上的难点及对部门的有关建议等。

工作计划表在每周例会前交于部门负责人，部门负责人阅后，如果存在某些方面的问题就需要在例会上直接指正，如果本周有新的工作内容就需要在工作计划上添加。

员工各周工作计划表可作为员工年度考评的重要参考依据，根据各员工的工作计划表结合该员工的本年度工作情况，由部门负责人作出综合考评。

方案五：采用区域负责制管理情报渠道

将本区域楼市划分为几大区，由一位情报人员（或为每位情报人员再配备一位研究助理）负责一个区，凡该区市场资讯方面的收集、整理、研究均由该区的负责人负责，使该负责人成长为该区的市场专家。

将整个区域市场分成若干个区市场，每个区市场由专人负责，有利于使各区的负责人对该区市场形成系统化的全面把握，对该区各方面的市场信息了如指掌。

一般每位情报人员由于受以前的生活或工作影响，对各区的市场了解程度也不同。所以在进行划区域市场工作分派时，最好由部门负责人或主管预先了解情报人员的日常生活区域，了解他们对各区域的市场熟悉程度，然后再根据个人具体情况分派各区市场。

方案六：对工作人员进行定期培训

除了为某些特定的市场调研而展开的市场调研培训及部门新员工入职时的培训外，情报部门有必要为了提高员工的工作能力而展开日常的定期培训。

各期培训的内容由部门负责人视部门具体情况灵活把握，如房地产调研技巧的培训、房地产专业知识的培训、楼盘策划方面的培训等。

第三节
把握情报体系的三个管理要点

情报快递

1. 为了确定关键决策者和管理人员的情报需求，情报人员必须和高层管理者进行沟通，充分了解他们在决策当中对信息有何需求；

2. 情报人员运用他们的研究技能、创造力、直觉，分析总结出有价值的情报并提炼出一些独特的见解和观点；

3. 传统的保密方法一般是保护保密信息或专有信息，而OPSEC则把重点放在防止竞争对手利用公开的信息源获取关键信息。

情报口诀

1. 培训情报人员；2. 导入软件系统；3. 保护自身情报。

经典语句

一个优秀的竞争情报人员也需要一定的天赋、一段时间的学习和实践。根据国内外公司成功的经验，竞争情报工作是一个持续的、长期的、人人参与且得到管理层高度信任的工作。但是对于竞争情报部门来说，不能以此为借口，迟迟不出成绩。必须尽快适应环境、进入角色，及早为企业提供有效的情报支持，只有这样，企业的竞争情报工作才有长久的生命力。

Chapter five
组建团队：筹建情报队伍势在必行

要点一：使情报人员成为情报体系创新者

情报的收集、整理方法需要不断创新，成功的情报人员必须具备特定的技能，这些技能都可以通过培训来获得。竞争情报人员需要具备哪些技能呢？

技能一：确定关键决策者和管理人员的情报需求

为了确定关键决策者和管理人员的情报需求，情报人员必须和高层管理者进行沟通，充分了解他们在决策当中对信息有何需求，从而为下一步工作做好铺垫。要做好这部分工作，必须具备两方面的技能和知识：

情报人员须具备素质

具备技能	具体内容
对于企业的悟性	通常也把它称为企业敏锐性，就是情报人员对于企业情报需求的领悟能力，这种领悟能力通常来源于个人固有的资质，但这种领悟能力也可以通过行业知识、专业知识、专业实践的培训来获得、提高
对公司权力结构和决策过程的正确理解	这可以帮助企业情报人员认清谁是真正的情报使用人，从而针对特定的使用人来进行情报的提供工作。这就要求对相关人员进行组织结构、决策过程、决策方法等相关内容的培训

技能二：收集信息

随着信息科技和资源本身的快速变化，收集信息的方式更具多元化，同时其技术含量也有很大的提高，对情报人员来说，收集信息，今天比以往更具挑战性。要做好这部分工作，情报人员必须具备以下四个方面的知识和技能：

从业者须具备素质

必备知识	具体内容
必须掌握相关的专业技术	现在的信息收集在很大程度上必须依赖现代的计算机技术和通信技术，情报人员必须掌握这些先进的技术手段，并且能够利用这些技术进行情报的收集
必须了解经济管理等相关方面的知识	例如财务知识、管理决策知识、市场营销知识等等。这些专业知识对于情报人员决定收集哪些情报、采用何种手段收集情报都有很大的影响
具有耐心的品质	因为合适的信息源在媒体众多的现代社会很难被发现，而且收集资料也是很琐碎的事，在这个时候具有耐心的品质就非常重要
不断学习的能力	成功的情报人员必须具备独立学习和分析的技能，自学那些不熟悉又突然被要求研究的主题

技能三：分析信息并将其提升为情报

对于这个阶段来说，最重要的是要求情报人员具有将所收集来的信息进行加工处理从而得到决策者需要的情报的能力。为了做到这一点，成功的情报人员必须具有特定的行业知识，了解正在研究的企业的现状和形势，同时还必须掌握常用的和特定的行业分析工具，也需要了解影响企业运作的各种变化因素以及可能造成的结果。

技能四：向决策者实际传递情报

情报人员运用他们的研究技能、创造力、直觉，分析总结出有价值的情报并提炼出一些独特的见解和观点，他们把这些信息和建议、劝告提供给决策者，帮助他们采取行动。情报人员必须对企业的权力结构、企业文化以及决策者的观念有很好的了解。在这里，企业经验是很重要的资源，也是强有力的后盾。除此之外，情报人员还必须知道每个决策者希望他们以什么形式提供情报（是以摘要形式还是完整报告的形式，是打印文件还是电子文件，是以文本的形式还是以图形的格式等等）。这些都要求情报人员要把大事做细、细节做精，这样才能把最后这个环节的工作做好。综合以上分析，可以发现情报员需要的技能与素质大体分为以下五个方面：

情报员必备素质

具备素质	具体内容
良好的品质	要想成为一名成功的企业情报人员，必须具有一些良好的素质，在此基础上参加培训将较容易成功。这些素质包括创造力、恒心、耐心、良好的人际沟通能力、商业悟性、独立学习能力等。这些品质虽然可以通过培训来加以改进，但多数是在长期的生活、学习中积累而成的，所以在人员选拔的时候就必须十分重视这个方面
能熟练掌握经济管理类的知识和分析工具	企业竞争情报工作会大量涉及经济管理信息的收集、整理、分析、总结，这就要求情报人员具备相关知识。这些知识、技能可以通过专业的教育培训来获得，企业也可以在选择竞争情报人员的时候，选择具有相关专业背景的人
相关的专业知识	这里的专业知识指的是企业所处行业的相关知识。例如，面对一家化工厂的情报工作，如果企业情报人员是化工方面的专家就会很容易明白企业所需要的竞争情报的类型、获得的专业途径及化工技术的发展方向，因此很容易成功
情报学方面的知识和技能	这些包括情报学概论、科技文献检索、情报研究等相关的知识
企业工作经验	有了专业工作经验，个人才能获得从其他途径学不到的技能和洞察力。对于情报人员来说，这些经验包括行业知识、对企业决策过程的理解

要点二：导入竞争情报管理软件系统

竞争情报体系所面临的环境越来越复杂，企业之间的竞争越来越激烈，使得原来通过手工收集和分

Chapter five
组建团队：筹建情报队伍势在必行

析情报的模式很难适应这样一种局面。现在越来越多的企业都在进行信息化改造，在这个过程中要统筹规划，使竞争情报体系能融入整个信息系统当中。要想进行这个系统的构建，引入先进的信息化技术非常重要，这当中软件系统的选择和开发又是重中之重。企业要摆正软件系统在整个信息系统中的地位，才能够使得竞争管理系统以及整个企业信息系统有良好的运作。

1. 摆正情报软件在竞争情报体系中的地位

很多人会由于竞争情报体系中的"体系"二字对它产生误解，认为体系就是计算机系统，所以竞争情报体系就是计算机系统，就是软件系统。这种理解是不全面的，甚至没有触及竞争情报体系的核心。竞争情报工作是企业工作的重要组成部分，它在企业当中起着相当于人体神经系统的功能，而软件系统就像神经传导系统，只是其中的一部分。竞争情报的工作职能的执行不是靠简单的软件或计算机系统就能够实现的，也不是说设立一个岗位、建立一个部门就能取得成效的。

现代计算机系统功能虽然非常强大，但是在面对各种复杂的环境时，它的理解、判断、联想、推理和预测能力都远远不能和人类相比。企业竞争情报工作由于其显而易见的竞争性，更加需要人的理解、判断和预见力，即人的竞争智慧。

2. 现代竞争情报软件的三大分类

现在竞争情报已受到企业的广泛重视，许多企业都有竞争情报软件，也有许多公司提供竞争情报软件、竞争情报服务。通常可以把竞争情报软件分为以下三种类型：

第一类，以网上信息采集为主要特色的竞争情报软件，比如百度、天下互联的竞争情报软件等；

第二类，以内容管理为主要特色的竞争情报软件，比如易地平方、TRS、万方数据的竞争情报软件等；

第三类，以情报分析为主要特色的竞争情报软件，比如环信咨询公司的竞争情报软件系统。

这些软件，特别是明确声称自己是竞争情报软件的软件系统，都尽可能覆盖竞争情报的工作流程。以上这样分类的原因，是因为虽然它们都声称覆盖整个竞争情报的工作流程，但是各有自己的专长。例如，百度是做搜索引擎起家的，很多人知道百度的搜索引擎而不知道它的竞争情报体系，搜索方面是它的强项，所以把它列为以搜索为特色的竞争情报软件，其他的划分也是如此。由于竞争情报产业的发展，这种划分也会出现变化，有些公司会在竞争情报系统软件方面有所发展，弥补它原来的不足，所以选用软件的时候，必须根据企业的具体情况并结合对各种竞争情报系统软件的深入了解，进行合理的选用。以下是一些竞争情报系统软件系统提供商的网址，以供参考。

主要情报软件提供商网址

网站名称	网址
百度	http://www.baidu.com
TRS	http://www.trs.com.cn
赛迪数据	http://www.cciddata.net
万方咨询	http://www.wanfangconsult.com.cn
铱星	http://www.cnewsbank.com
中国网络情报中心	http://chinawi.tixa.com

要点三：保护自己的竞争情报

从某种意义上说，竞争情报应包括两方面的工作：一方面是搜集分析竞争对手的信息，另一方面是保护自己的信息，"形人而我无形"，尽量隐形匿迹，保守自己的机密。竞争情报工作的开展，实际上有助于公司保护自己的信息，因为竞争情报工作使公司对关键信息的重要性有更清楚的认识，对信息流动规律更加了解，这些都有助于提高公司对信息的保护意识。那么一个公司应如何保护自己的情报呢？

1. 保密信息泄露的五个途径

下表是美国竞争情报专家富得设计的一个计算，每年可能发生的会对公司造成伤害的信息泄露的公式。尽管表格里的数字是假设的，是否与实际完全吻合可能引人争议，但关键不在于这些数字本身，而在于这样一种结论：公司每年有大量的信息泄露，其中一些可能对公司造成伤害。

信息泄漏计算表

分步解析	对外泄露人次	说明
公司总员工	6000 人	包括公司的所有员工，因为几乎每个人每天都同外面有大量的接触；销售人员每天接触很多人，其他员工也接触有一定数量的人
其中25%的人有频繁的对外交往	1500 人	这是对每天有大量对外交往的人数的保守估计
这25%的人每人每个工作日向外打4次电话或同外人见4次面	6000 次	这代表了信息通过交谈离开公司的所有机会。这一计算结果不包括通过其他方式流出的信息，如电子邮件、传真、因特网
估计其中1%含有会对公司造成损害的信息	60 次	一些信息可能马上对公司造成损害，另一些可能像定时炸弹潜伏起来，过了几个月或几年才爆炸
假如每年的工作日是250天，每年有害泄露的数量	150000 次	这里假定包括没有同一信息重复泄露

（资料来源：富得.新竞争情报.1995，441页）

Chapter five
组建团队：筹建情报队伍势在必行

以上计算的只是公司通过非正式渠道向外界泄露的信息，公司还有许多正式的、有意识的向外界公布信息的渠道，包括展销会、新闻发布、广告等等。公司不论大小，都要做生意，要做生意就必须要有信息流动。

虽然由于现代社会信息的日益流通，情报人员不必使用非法的或不道德的手段就能获得所需要信息量的95%，剩下5%的信息需要去收集，但由于收集和分析信息既费时间也费脑筋，于是有人想寻找捷径，他们不按游戏规则行动，不想做艰苦细致的工作，因此在现实世界里，公司必须采取措施防备那些为获取剩下的5%的信息而不择手段的竞争对手的情报人员。

2. 保护信息的OPSEC法

OPSEC是英文OPERATION SECURITY的缩写。按美国"国家军事行动安全文件"的定义："OPSEC是利用系统的分析过程确定敌对力量如何及时获得有价值的信息的一种手段。"

公司向外界透露的信息有的对公司有益，有的对公司无益但也无害，有的则可能对公司造成伤害。公司的重点是要防止可能对自己造成伤害的信息泄露。考虑保护自己竞争情报的原则时，公司还必须考虑保护的成本。越能延迟保密信息落入竞争对手之手的时间，竞争对手所拥有的采取对付你的行动的准备时间就越少。

（1）OPSEC方法的三个基本特征

OPSEC的目的是控制有关企业行动、能力、局限性、活动和动机的信息泄露，防止竞争对手利用这些信息进行有效的预测。OPSEC方法有如下一些特征：

特征一：重在保护公开信息

传统的保密方法一般是保护保密信息或专有信息，而OPSEC则把重点放在防止竞争对手利用公开的信息源获取关键信息。这些信息源一般是非保密的，不属于专有信息。

特征二：对信息进行选择性保护

OPSEC方法对信息的保护是有选择性的。按OPSEC方法的观点，所有公司都有脆弱的地方，但并不是所有这些脆弱的地方都值得保护或能够有效加以保护。企业不应该不顾成本地避免风险，而应以合理的、高效率的、低成本的方式来管理风险。企业应了解竞争对手会怎样获得信息，获取信息的动机和能力，利用信息来对付自己的方法以及自己失去信息的代价和保护信息的成本。利用OPSEC方法，企业可以避免把钱花在保护不值得保护或本质上不可保护的信息上。

特征三：保护方法的一致性

一旦确定了最需要保护的信息，同样重要的是始终如一地、全面地保护信息。传统的安全保护方法，包括物理安全、人员安全、通信安全，在保护直接的信息泄漏方面虽然很有效，但这些方法不能防止间接的信息泄露。如果不考虑竞争对手如何利用零散的信息拼凑出完整的信息，可能意味着花了大笔钱保护信息但商业秘密还是泄漏了。OPSEC能防止这种"花大把钱镇守前门，却让后门大开"的安全保护方法的缺陷的出现。

（2）OPSEC方法的五个步骤

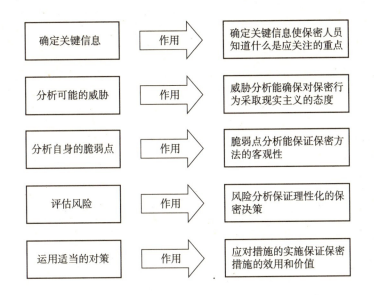

步骤一：确定关键信息

地产企业的关键信息包括企业的拿地渠道、定价方法、目标客户、采购渠道、推广策略、战略规划等。这些关键信息可能涉及有关关键人员、关键活动或关键作业。

有时候关键信息也可能是拼凑在一起或加以解释就能发现重要线索的OPSEC指标。OPSEC指标是对方从公开信息源或从可侦测到的行动获取的信息痕迹，比如可看到的计划安排、上班通常走的线路、例行的做事方式习惯等等。大多数OPSEC指标经常来自企业为执行某项计划或采取某项行动而进行的例行活动，这些活动可能是行政活动、物资调动或技术活动。

确定关键信息可从检查一项活动的整个过程开始。根据竞争对手现有的信息收集能力确定哪些指标可以被竞争对手获得并加以利用，从而可能对企业产生不利影响。比如一项新技术新材料如果被竞争对手抢先利用，是否会导致你的产品优势被抵消？如果是，它们就是关键信息。一旦确定了关键信息和OPSEC指标，就可结合竞争对手的情况进行分析，以确定他们可能暴露关键信息的程度。

步骤二：分析可能的威胁

评估竞争对手得到该信息以后可能对企业造成的伤害，这包括确认竞争对手能在多大程度上得到企业的信息并利用该信息。简单地说，就是：他们有些什么能力？他们知道了什么？他们什么时间知道的？他们想要什么？为什么要？他们如何得到？得到之后如何利用？他们的最高管理层是如何看待情报的？

步骤三：分析自身的脆弱点

Chapter five
组建团队：筹建情报队伍势在必行

做企业信息保密，必须回答以下六个问题：

第一，企业最容易泄露信息的地方在哪里？

第二，通过哪些部门或哪些员工泄漏？

第三，员工了解这些问题吗？

第四，应该保密的地方是否不必要地透露了过多的信息？

第五，所有可能泄露关键信息的渠道都应被视为弱点，但并不是所有这些弱点都值得保护。在决定如何保护某一信息中的弱点或缺陷时，需要确定：企业的信息有多么敏感？

第六，该信息有多高的价值？

只有在竞争对手需要这种信息时才值得采取措施。由于竞争对手不同，目标也不同，因此对一个竞争对手保密的东西对另一个竞争对手可能不必保密。根据难易程度将暴露某一信息给竞争对手的不同方法排队，如果排在第二位的弱点难以采取措施，那么花钱对排在第五位的弱点采取措施便更没有意义。

分析弱点时可能需要对企业整个作业或活动进行检查，审查任何脆弱点以发现可能被竞争对手利用的关键信息的指标。审查可从竞争对手的角度来进行，即把自己放在竞争对手的角度，一步一步地检查自己的活动或作业的所有环节；可分析竞争对手的行动方案以发现他们收集关键信息的途径，然后确定自己的经营行动和竞争对手的利用能力之间的关联度；另外要考虑的因素是信息的时间价值以及竞争对手在有效的时间内收集和利用该信息的能力。

步骤四：评估风险的三环分析法

什么会发生？什么可能发生？竞争对手得到某些信息以后会产生什么影响？企业会失去市场份额、顾客、技术优势吗？如果这些损失出现了，企业能采取哪些补救措施？哪些信息应长时间地保密？

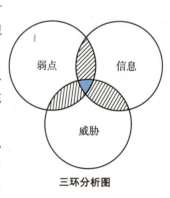

三环分析图

在本阶段，风险分析人员将前面的步骤(关键信息、威胁分析、弱点分析)整合，从中发现需要保护的地方，利用三环分析图的分析有助于完成这一工作。三环图由3个交叠的圆圈构成，圆圈分别代表信息、威胁、弱点。3个圆圈重叠之处对企业才有风险，才需要采取措施来减少这种风险。只有两个圆圈重叠的地方，可不采取措施。比如在信息与弱点交接的地方，虽然对方可能得到关键信息，公司也有弱点，但因为不存在威胁，故可以不采取保护行动。

步骤五：运用适当的对策

这是OPSEC流程的决策阶段。在这一点，决策者根据前面的分析作出相应决策，决策时可将前面分析的风险排序。将对策的成本(可用金额表示，也可用对业务的冲击等表示)同资产的价值对照，将得到的好处同采取措施降低的风险损失对照。如果对策的成本高于保护的资产的价值，或得到的好处低于风险造成的损失，则没有必要采取保护措施。

应对措施的主要目标是减少一种或几种弱点，企业可采取的应对措施主要有：

第三节 把握情报体系的三个管理要点

第一，消除可能被利用的OPSEC指标，如删除、改变网页上或其他地方提供的某些信息；

第二，防止竞争对手有效地收集和处理相关信息；

第三，防止竞争对手在分析时准确地解释信息；

第四，让竞争对手的情报收集更困难、更耗费时间。虽然竞争对手需要的任何敏感信息或保密信息迟早都有可能被发现或泄漏，但对手获得某一信息的时间越晚，自己保护竞争优势的时间就越能延长。

需要注意的是，采用一些应对措施可能导致新的弱点，比如派警卫保护某项活动反而会引起人们对该活动的注意。因此，OPSEC方法也要求企业评估应对措施的有效性。此外，由于影响信息安全的各种因素在不断变化(比如信息的价值、威胁的严重性和对手可能利用的弱点都会变化)，因此保护的决策也应该不断变化。

像竞争情报一样，OPSEC是一个持续不断的过程，并随着产业和竞争环境的变化而变化，这些变化应反映在OPSEC的具体做法之中。OPSEC和竞争情报之间另一相似之处是两者都要求高层管理的全力投入，都需要公司所有人的参与。

组建团队：筹建情报队伍势在必行

相关情报

情报观点

中国企业进入市场经济时代不过短短十几年时间，直到今天中国企业对于西方的市场经济规律尚不能完全掌握。在这个时期，利用竞争情报和分析不断地学习竞争对手的成功经验就变得尤为重要。

情报运用

技术的引进是一时的，况且国外企业也不可能把最先进的生产技术转让给中国企业；只有引进先进的思想方法，才能使中国企业真正拥有竞争优势。其中，竞争情报就是对中国企业大有裨益的方法之一。

超级链接

要想了解更多房地产前沿资讯，获得更多项目管理信息，那么就赶快配置一把财富金钥匙。
网址：dichan.sina.com.cn　邮箱：winfangbook@winfang.com　电话：020-61073242

竞争情报对中国企业大有裨益

20世纪80年代初，随着冷战时代的结束，美苏之间的军备竞赛被全球化的市场竞争所取代。商战的加剧，使得传统的情报工作和市场研究已无法满足市场需求。以合法手段获取信息且通过分析而产生竞争策略的竞争情报应运而生，并得到飞速发展。当时，许多跨国公司，例如施乐、IBM和摩托罗拉等公司的决策者，已经认识到竞争情报的重要性，并且建立了公司自己的情报部门。

在西方，竞争情报已成为企业市场战略"兵工厂"中最新式的"多用途武器"。据统计，美国《幸福》杂志全球500强企业的前100名企业和美国90%的公司均拥有自己的竞争情报机构。

中国企业进入市场经济时代不过短短十几年时间，直到今天中国企业对于西方的市场经济规律尚不能完全掌握。在这个时期，利用竞争情报和分析不断地学习竞争对手的成功经验就变得尤为重要。

日本企业曾成功地运用竞争情报赶超欧美企业，而像摩托罗拉公司这样的欧美企业及时总结教训，并向日本企业学习，重新夺回了市场领导地位。因此，学习并发展西方企业的先进经验，洋为中用，是中国企业在全球市场取得成功的关键。否则，中国市场进一步开放，贸易保护逐渐减少，面对国外企业的大量涌入，我们连本国的市场尚不能控制，又何谈发展呢？

今天，国内企业对国外先进技术的引进非常普遍。但在引进国外先进技术的同时，我们更应注重思想方法的引进。技术的引进是一时的，况且国外企业也不可能把最先进的生产技术转让给中国企业；只有引进先进的思想方法，才能使中国企业真正拥有竞争优势。其中，竞争情报就是对中国企业大有裨益的方法之一。对于中国企业竞争情报的意义主要表现在以下三个方面：

1. 制定有效的竞争策略

竞争情报的实施关键在于企业全体员工的参与和竞争情报收集和分析系统的建立，而并不在于花大价钱购进了先进的计算机、建立了复杂的网络系统。只有掌握了数据收集和分析实用且有效的方法，并不间断地进行竞争分析，才能发现市场变化和竞争者行动的趋势，制定出有效的竞争战略，并根据市场的变化及时调整战略，使企业的决策更加科学。

2. 规范国内市场的竞争行为

企业决策的盲目性使其市场风险大大增加，盲目决策最主要的原因在于：不能有效地预测在策略实施后市场可能产生的反应。竞争情报可以帮助企业通过运用模型和趋势分析展现市场情况，对企业策略可能产生的各种结果作出合理的预测，从而在根本上避免两败俱伤的竞争行为。随着竞争情报系统在国内企业的普遍运用，使用有效竞争策略的企业将在市场上取得优势。市场上盲目竞争的行为将大大减少，有序将取代无序。

3. 参与国际市场的竞争

在一个成熟的市场，竞争情报是获得成功的基础之一。掌握竞争情报的精髓，是国内企业了解国际市场变化趋势，从而进入国际市场，参与国际化竞争的先决条件。

《地产高管情报分析兵法》Chapter six

课程6

实战工具：掌握地产情报必备的实战工具箱

CHAPTER SIX

>>> >>>

实战工具：掌握地产情报必备的实战工具箱

1. 地产竞争情报部门 常用表格

本节的表格主要是情报部门资料整理和归档所用的，如楼盘资料库索引表、市政规划类简报索引表、情报人员每周工作计划表等。

2. 地产竞争情报 专题类表格

针对项目不同的物业类型，制出的具有指向性的调查表格，全面掌握住宅、商业地产等项目的情况，透彻分析购房者的消费心态和消费特征。

第一节
地产竞争情报部门常用表格

>>> >>>

表01　楼盘资料库索引表
表02　市政规划类简报索引表
表03　政策法规类简报索引表
表04　经济动态类资料索引表
表05　地产信息库借阅管理登记表
表06　土地拍卖交易及开发登记表
表07　楼盘报纸广告登记表
表08　日常踩盘计划安排表
表09　情报人员每周工作计划表
表10　竞争情报搜集计划表
表11　竞争情报人员培训计划表

Chapter six

实战工具：掌握地产情报必备的实战工具箱

楼盘资料库索引表			表01

_____区

楼盘名称	编号	楼盘名称	编号

市政规划类简报索引表　　　　　　　　　　　　　　表02

_____年_____月

标题	页码	标题	页码

Chapter six

实战工具：掌握地产情报必备的实战工具箱

政策法规类简报索引表　　　　　　　表03

___年___月

标题	页码	标题	页码

第一节 地产竞争情报部门常用表格

经济动态类资料索引表　　　　表04

___年___月

标题	页码	标题	页码

Chapter six

实战工具：掌握地产情报必备的实战工具箱

标题	借阅登记		归还登记		归档
	借阅时间	借阅人签名	归还时间	管理员签名	

地产信息库借阅管理登记表　表05

第一节 地产竞争情报部门常用表格

土地拍卖交易及开发登记表									表06
拍卖地块情况						实际拍卖情况			开发追踪
地块名及位置	用地面积	总建筑面积	用地性质	起拍价	付款方式	成交价	中标单位	时间	

Chapter six

实战工具：掌握地产情报必备的实战工具箱

楼盘报纸广告登记表　　　　　　　　表07

区域_____

楼盘名称	日期	广告媒体	版面	广告诉求重点	投放费用

日常踩盘计划安排表					表08
楼盘名称	地理位置	本周广告	踩盘要点	踩盘人	时间要求
楼盘名称	地理位置	本周广告	踩盘要点	踩盘人	时间要求

Chapter six

实战工具：掌握地产情报必备的实战工具箱

情报人员每周工作计划表								表09
本周工作事项	时间安排							备注
	周一	周二	周三	周四	周五	周六	周日	

上周工作事项	完成情况

工作中存在的难点及问题：_____
_____
_____
_____

有关的工作建议：_____
_____
_____
_____

第一节　地产竞争情报部门常用表格

竞争情报搜集计划表					表10
调查内容	开始时间	完成时间	调查方式	调查要求	注意事项

Chapter six

实战工具：掌握地产情报必备的实战工具箱

竞争情报人员培训计划表　　　　　　表11

培训情况					考核情况	
时间	地点	培训内容	参加人员	主讲人	考核方式	考核时间

第二节
地产竞争情报专题类表格

>>> >>>

表01　楼盘调查表1（商品住宅类）
表02　楼盘调查表2（商品住宅类）
表03　商品房市调表格
表04　楼盘调查表（已营商铺/商场类）
表05　楼盘调查表（在售/租写字楼类）
表06　楼盘调查表（已售/租写字楼类）
表07　楼盘调查表（拟建项目类）
表08　街区/商场客流量统计表
表09　购物中心业态及租金调查表
表10　商业业态/租金调查表（街铺）
表11　商业业态统计表（街铺）
表12　区位调查登记表
表13　住宅户型调查统计表
表14　竞争楼盘供应量调查统计表
表15　项目SWOT分析表
表16　消费者习性调查问卷（上马墩地区范例）
表17　住宅市场消费者调查问卷
表18　消费者住房情况调查问卷
表19　住房消费者调查问卷
表20　针对养老社区的调查问卷
表21　酒店式公寓推广调查问卷
表22　写字楼调查问卷
表23　商业用房调查问卷

Chapter six

实战工具：掌握地产情报必备的实战工具箱

楼盘调查表1（商品住宅类） 表01

楼盘名称： 调查时间： 年 月 日 点 调查人：

地理位置				开发商			
占地面积(m²)			容积率		总栋数		销售电话	
建筑面积(m²)			建筑密度		每栋层数		竣工时间	
住宅面积(m²)			绿化率（%）		总户数		开盘时间	
建筑结构			施工进度					
规划设计			园林设计					
物业管理公司			承建商					
物业管理费			代理商					
配套	市政配套							
	小区配套							
	现售单位				交楼时间			
本期推售单位	户型	类型	建筑面积(m²)	套数	所占比例(%)	销售比例(%)	实用率(%)
	现售单位							
	按揭价格	均价		最高价		最低价		
	广告卖点							
	装修标准							
	促销策略	价格折扣			礼品赠送			
		其他方式						
	公关活动							
	现场氛围							
车位	车位数				租售情况			
	销售单价				出租单价			
付款方式	一次性付款	付款折扣			分期付款	付款折扣		
	按揭付款	付款折扣			按揭银行			
		首期成数			最低月供			
	其他方式							
后续货量								
综合点评								

楼盘调查表2（商品住宅类） 表02

项目名称：			售楼部电话：				
位置交通配套	所属片区		项目地址				
	物业类型						
	公共交通						
	距交通主干道距离						
	500m内的市政、生活配套						
基本情况	占地面积(m²)		总建筑面积(m²)			总户数	
	容积率		绿化率（%）			车位	
	楼栋数		在售规模				
	户型分布	户型	面积(m²)		规格	套数	比例（%）
建设指标	得房率（%）		层高（m）			交房标准	
	建筑结构		电梯			外立面	
价格	起价		最高价			均价	
	开盘日期		促销活动			销售率	
相关公司	开发商		代理商			物业公司	
	物业管理费		交房时间			工程进度	
备注							
目标	广告推广、规划特色、立面设计、户型特点、价格水平、销售状况、开发投资、策划代理、物业管理、楼盘配置等方面所要达到的标准						

Chapter six

实战工具：掌握地产情报必备的实战工具箱

表03

商品房市调表格

市调项目：　　　　　　　市调时间：　　　　　　　市调人：

地理位置			开发商			
占地面积(m²)		容积率		总栋数		销售电话	
建筑面积(m²)		物业费		每栋层数		交房时间	
分几期开发		绿化率（%）		总户数		开盘时间	
物业类型			施工进度		项目总体规划图	
规划设计			承建商			
物业管理			物业管理费			
园林设计			代理商			

户型	类型	建筑面积（m²）	套数	所占比例（%）	销售比例（%）

按揭价格	均价		最高价		最低价		总价范围	
广告卖点								

车位	车位数		租售情况	
	销售单价		出租单价	

付款	一次性付款	付款折扣		分期付款		付款折扣	
	按揭付款	付款折扣		按揭银行			

综合点评	项目简介	
	景观特色	
	配套优势	
	价格动态	
	项目动态	

第二节 地产竞争情报专题类表格

楼盘调查表（已营商铺/商场类） 表04

楼盘名称： 　　　调查时间： 　年　月　日 　　　调查人：

物业名称			地理位置	
物业规模				
软硬件设施				
开业时间			物业性质	
经营方式	出租方式			
	其他方式			
间隔方式	柜台			
	独立铺面			
	其他方式			
经营类别	经营范围			
	所占比例			
	主要品牌			
管理费				
车位情况				
铺位空置				
经营者经营状况				
现场人流情况				
周边商业环境评价				
补充说明				
综合评述				

Chapter six

实战工具：掌握地产情报必备的实战工具箱

楼盘调查表（在售/租写字楼类） 表05

楼盘名称：			调查时间：		年 月 日		调查人：	
地理位置					开发商			
占地面积（m²）			容积率		总栋数		销售电话	
建筑面积（m²）			建筑密度		每栋层数		竣工时间	
可售面积（m²）			绿化率（%）		总户数		开盘时间	
规划设计					园林设计			
物业管理公司					代理商			
物业管理费					承建商			
配套		市政配套						
		写字楼配套						
交付时间					施工进度			
租售方式		□全部出售 □只租不售 □租售结合						
本期推售单位	间隔比例 销售情况		建筑面积（m²）	套数	所占比例（%）		销售情况	
	特点				实用率（%）			
	市场定价							
	按揭价格		均价		最高价		最低价	
	广告卖点							
	装修标准							
	促销策略		价格折扣		礼品赠送		其他方式	
	公共活动							
	现场氛围							
	车位数				租售情况			
	销售单价				出租单价			
	一次性付款		付款折扣		分期付款			
	按揭付款				其他方式			
后续货量								
综合点评								

楼盘调查表（已售/租写字楼类）　　　　　表06

楼盘名称：		调查时间：	年　月　日	调查人：

地理位置		开发单位	
占地面积（m²）		总层数	
各层功能划分			
软硬件设施			
物业管理单位		物业管理费	
车位情况			
月租金			
均价			
空置情况			
补充情况			
综合点评			

楼盘调查表（拟建项目类）　　　　　表07

楼盘名称：		调查时间：	年　月　日	调查人：

地理位置		开发单位	
占地面积（m²）		总层数	
地块特征			
总体规划概况			
项目周边概况			
其他补充说明			
项目前景说明			

Chapter six

实战工具：掌握地产情报必备的实战工具箱

街区/商场客流量统计表　　　　　　　　　　表08

单位：　　　　　　　　　　人/分钟　　　　　　　　　　调查人：

时期	时间	地点	地点	地点	地点	地点
		人数	人数	人数	人数	人数
工作日	上午10点					
	下午3点					
	晚上8点					
	平均合计					
节假日	上午10点					
	下午3点					
	晚上8点					
	平均合计					

购物中心业态及租金调查表　　　　　　　　　　表09

商场名称：　　　　　　　　　　　　　　　　　　调查人：

楼层	经营类别	主要品牌	租金[元/（m²·月）]
			最高价： 均价： 最低价：
			最高价： 均价： 最低价：
			最高价： 均价： 最低价：
			最高价： 均价： 最低价：
			最高价： 均价： 最低价：
			最高价： 均价： 最低价：
			最高价： 均价： 最低价：

续表

楼层	经营类别	主要品牌	租金 [元/(m²·月)]
			最高价： 均价： 最低价：
			最高价： 均价： 最低价：

商业业态/租金调查表（街铺） 表10

街区名称： 调查人：

铺号	经营类别	品牌名称	租金 [（元/m²·月）]

Chapter six

实战工具：掌握地产情报必备的实战工具箱

商业业态统计表（街铺）　　　　　表11

街区名称：　　　　　　　　　　　　　　　　　　　　　　　统计人：

业态类别	铺数	所占百分比（%）

使用说明：本表是在商业业态/租金调查表（街铺）的基础上而作出的街铺商业业态统计。

第二节 地产竞争情报专题类表格

区位调查登记表　　表12

调查时间：　　　　　　　　　　　　　　　　　　　　　　　　　　调查人：

调查情况	交通设施	
	路网条件	
	交通成本	
配套设施	学校	
	医院	
	银行	
	超市	
	餐饮	
	肉菜市场	
	其他配套	
居住环境	自然环境	
	人文环境	
就业条件	区位居民就业情况	
	就业中心	
其他补充说明		

Chapter six

实战工具：掌握地产情报必备的实战工具箱

住宅户型调查统计表　　　　　　　　　　　　表13

调查时间：　　　　　　　　　年　月　日　　　　　　　　调查人：

楼盘名称	户型间隔	建筑面积范围（m²）	套数	所占比例（%）	销售情况
	单间				
	一房一厅				
	两房两厅				
	三房两厅				
	四房两厅				
	五房以上				
	单间				
	一房一厅				
	两房两厅				
	三房两厅				
	四房两厅				
	五房以上				
	单间				
	一房一厅				
	两房两厅				
	三房两厅				
	四房两厅				
	五房以上				
	单间				
	一房一厅				
	两房两厅				
	三房两厅				
	四房两厅				
	五房以上				

楼盘名称	占地面积（m²）	总建筑面积（m²）	已售单位		在售单位		后续单位	
			建筑面积（m²）	套数	建筑面积（m²）	套数	建筑面积（m²）	套数

竞争楼盘供应量调查统计表　　表14

Chapter six

实战工具：掌握地产情报必备的实战工具箱

项目SWOT分析表		表15
项目优势(Strength)	项目优势点	如何发挥优势
项目劣势(Weakness)	项目劣势点	如何化解劣势
市场机会（Opportunity）	市场机会点	如何把握机会
市场威胁(Threat)	市场威胁点	如何避开威胁

综合评价及建议：_____

_____

_____

_____

_____

_____

消费者习性调查问卷（上马墩地区范例）　　　　表16

姓名：_____　　　年龄：_____　　　性别：☐男　☐女

1. 请问您从业单位性质？
☐国有　☐集体　☐外资　☐私营　☐其他

2. 请问您的职业是？
☐企业经营者　☐店家老板（商店、小吃）　☐医护、律师、会计、建筑师　☐自由工作者　☐股市投资者
☐高级主管　☐中级主管　☐职员　☐技术工作者　☐劳动工作者　☐军、公、教　☐家庭主妇　☐无职　☐退休
☐其他

3. 请问您的家庭年收入？
☐2万元以下　☐2~3万元　☐3~5万元　☐5~8万元　☐8万元以上

4. 请问您现在住房面积？
☐70平方米以下　☐70~90平方米　☐90~110平方米　☐110~130平方米　☐130平方米以上

5. 请问您现在住房的房龄？
☐3年以下　☐3~5年　☐5~8年　☐8~10年　☐10年以上

6. 请问您日常交通工具？
☐步行　☐自行车　☐摩托车　☐公交车　☐私家车　☐其他

7. 请问您未来3年内是否有置业意向？
☐肯定　☐否定　☐不确定

8. 请问您心目中理想的购房地段是？
☐崇安区　☐南长区　☐北塘区　☐滨湖区　☐惠山区　☐锡山区　☐新区

9. 请问您心目中理想的户型结构是？
☐一室一厅一卫　☐二室一厅一卫　☐两室两厅一卫　☐两室两厅两卫　☐三室两厅两卫　☐四室两厅两卫
☐五室两厅两卫　☐其他（标明）

10. 请问您心目中理想的户型面积是？
☐80平方米以下　☐80~100平方米　☐100~120平方米　☐120~140平方米　☐140~160平方米
☐160~190平方米　☐190~220平方米　☐220~250平方米　☐250平方米以上

11. 请问您如果购房，想采用的付款方式是？
☐一次性付款　☐分期付款　☐银行按揭

12. 请问您购房所关心的重点是（可复选）？
☐公司信誉　☐地点环境　☐交通便利　☐房型设计　☐学校　☐总价　☐单价　☐会所　☐园林景观
☐付款方式　☐朝向　☐公共配套　☐物业管理　☐宽带网络　☐其他

13. 请问您能接受的价位是？
☐2500元以下　☐2500~3000元　☐3000~3500元　☐3500~4000元　☐4000~4500元　☐4500~5000元
☐5000~5500元　☐5500~6000元　☐6000~6500元　☐6500~7000元　☐7000~7500元　☐7500~8000元
☐8000元以上

14. 请问您能接受的总价是？
☐25万元以下　☐25万~30万元　☐30万~35万元　☐35万~40万元　☐40万~45万元　☐45万~50万元
☐50万~55万元　☐55万~60万元　☐60万~70万元　☐70万~80万元　☐80万元以上

15. 请问您能接受的物业管理费用是（以每月每平方米计算）？
☐0.5元以下　☐0.5~1元　☐1~1.5元　☐1.5~2元　☐2~3元　☐3元以上

16. 请问您愿意购买的是？
☐期房　☐现房　☐不确定

17. 请问您愿意投资的房产是（可复选）？
☐门面房　☐商场铺位　☐普通住宅　☐酒店式公寓　☐别墅　☐写字楼

18. 请问您愿意购买的商铺是？
☐单层　☐双层　☐不确定

19. 请问如在上马墩地区购买商铺，您能承受的价位及面积是？

Chapter six

实战工具：掌握地产情报必备的实战工具箱

单价：
☐8000元以下 ☐8000~10000元 ☐10000~12000元 ☐12000~15000元 ☐15000~18000元
☐18000~20000元 ☐20000~25000元 ☐25000~30000元 ☐30000元以上
面积（双层）：
☐50平方米以下 ☐50~100平方米 ☐100~150平方米 ☐150~200平方米 ☐200~250平方米
☐250平方米以上
20. 请问您希不希望购买车位？
☐希望 ☐不希望 ☐不确定
21. 请问您能接受购买车位的总价是多少？
☐4万元以下 ☐4万~6万元 ☐6万~8万元 ☐8万~10万元 ☐10万~15万元 ☐15万元以上
22. 请问哪些信息渠道是您了解房地产信息的来源？
☐电视 ☐报纸 ☐广播 ☐户外看板 ☐邮送广告 ☐宣传资料 ☐亲朋介绍 ☐其他

住宅市场消费者调查问卷 表17
基本情况

1. 您的年龄是？
☐21~25岁 ☐26~30岁 ☐31~35岁 ☐36~40岁 ☐41~45岁 ☐46~50岁 ☐51~55岁 ☐56~60岁
2. 您的学历是？
☐小学 ☐初中 ☐高中 ☐大专 ☐本科 ☐研究生以上
3. 您的工作单位？
☐机关单位 ☐事业单位 ☐国营企业 ☐民营企业 ☐个体工商户 ☐服务行业 ☐自由职业者
4. 您月收入多少？
☐1000元以下 ☐1000~2000元 ☐2000~3000元 ☐3000~4000元 ☐4000~5000元 ☐5000~6000元
☐6000~8000元 ☐8000~10000元 ☐10000元以上
5. 您目前的居住方式是怎样的？
☐自己租房 ☐单位租房 ☐自己房产 ☐其他（标明）
6. 您现有的住宅属什么性质？
☐商品房 ☐房改房 ☐私房 ☐集资房 ☐房产房（交房费） ☐其他（标明）
7. 您的居住方式是？
☐单身 ☐二人世界 ☐三口之家 ☐三代同堂
8. 您现在住的房子，面积有多大？（单位：平方米·建筑面积）
☐50平方米以下 ☐50~80平方米 ☐80~110平方米 ☐110~150平方米 ☐150~180平方米 ☐180平方米以上

装修要求

1. 您希望外墙采用哪种材料？
☐高级外墙涂料 ☐天然石材 ☐高级墙面砖 ☐其他（标明）
2. 您希望首层大堂地面用哪种材料？
☐高级抛光砖 ☐地毯 ☐其他（标明）
3. 您希望电梯厅地面采用哪种材料？
☐高级抛光砖 ☐高级大理石 ☐其他（标明）
4. 您希望您的楼梯间采用哪种材料？
☐梯级面铺高级防滑砖 ☐墙身刷高级乳胶漆 ☐其他（标明）
5. 您想使用哪种入户门？
☐普通木门 ☐高级铁门 ☐防盗门 ☐豪华实芯防火门（带门套），配有高级防盗门锁 ☐其他（标明）
6. 您希望入户门是哪种颜色？
☐红色 ☐绿色 ☐蓝色 ☐其他（标明）
7. 您认为厨房要有那些设施比较理想（此题为多选题）？

□预留水、电、燃气管线接口　□加设燃气泄漏报警系统　□地面、墙身防水处理　□其他（标明）
8. 您希望在交房的时候墙身怎样处理？
□水泥砂浆找平　□水泥砂浆找平并扇灰　□其他（标明）
9. 您希望在交房的时候天花怎样处理（可多选）？
□水泥砂浆找平　□水泥砂浆找平并扇灰　□其他（标明）
10. 您希望在交房的时候地面怎样处理？
□混凝土结构找平　□高级地砖　□其他（标明）
11. 您希望交房的时候水电设施怎样处理？
□配备强弱电箱　□客、饭厅及所有房间均提供照明、电源插座接口
□客厅及主人房配有线电视接收插座　□每户配备电话插座与网络接口　□电线管预埋　□其他（标明）
12. 您觉得小区需要哪些智能化设施（此题为多选题）？
□门磁安防系统　□可视对讲系统　□紧急救助系统　□燃气泄漏报警系统
□自动抄表系统(水表,电表,燃气表)　□其他（标明）
13. 您认为小区内最重要的配套是（可多选并标出前三位的序号）？
□24小时保安　□智能停车场　□会所　□运动设施　□医疗　□学校　□网络通信　□其他（标明）
14. 您希望小区要有哪些生活服务设施（选四项）？
□便利店　□购物中心　□商场　□银行　□干洗店　□美容美发　□餐饮店　□药房　□桑拿、洗浴
□其他（标明）
联系方式
姓名：　　　联系电话：　　　邮寄宣传礼品的地址：
邮编：　　　现场礼品签收：　　　调查时间：　　年　月　日
市场调查员：

消费者住房情况调查问卷	表18

调查问卷

尊敬的先生/女士：
您好！
我们是××××地产顾问有限公司的调查员，目前正在进行一项消费者市场调查，希望您能抽出宝贵的时间接受我们的访问。请您在工作人员的指引下完成此调查问卷，对于您的合作我们深表感谢，再次谢谢您的帮助和支持！

甄别问卷

请问您是否打算在3年内购买住宅：□有（继续）　□没有（结束）
1. 您是否曾在当地置业？有几次？
□无　□一次　□二次　□三次　□三次以上
2. 将来您在当地购买住宅的主要用途是：
□自住　□投资　□出租　□商住　□其他（标明）
3. 您在购房时较看重哪些因素（限选三项）？
□价格　□交通　□公共配套　□会所　□物业管理　□小区环境景观（规划）　□入住时间（期房/现楼）
□发展商知名度　□投资前景　□其他（标明）
4. 您在购房时会选择的楼型是哪种？
□多层（7层以下）　□小高层（8～16层，带电梯）　□高层（17层以下，带电梯）　□SOHO　□其他（标明）
5. 您在购房时会选择哪种建筑风格？
□中国园林　□欧洲风情　□瑞士情调　□巴黎园景　□其他（标明）
6. 您在购房时会选择的房间数？
□一房一厅　□两房两厅　□三房一厅　□三房两厅　□四房两厅　□其他（标明）
7. 您在购房时会选择什么户型？

Chapter six

实战工具：掌握地产情报必备的实战工具箱

☐平层 ☐跃式 ☐复式 ☐错层 ☐其他（标明）

8. 您打算购买的房屋面积大小？
☐60平方米以下 ☐61～90平方米 ☐91～120平方米 ☐121～150平方米 ☐151平方米以上 ☐其他（标明）

9. 您能承受的住宅单价是多少？
☐1200元/平方米以下 ☐1201～1600元/平方米 ☐1601～1800元/平方米 ☐1801～2000元/平方米
☐2001～2200元/平方米 ☐2200元/平方米以上

10. 您能承受的住宅总价是多少？
☐8万元以下 ☐8.1万～10万元 ☐10.1万～15万元 ☐15.1万～20万元 ☐20.1万～25万元 ☐25万元以上
☐其他（标明）

11. 您对所购房屋交楼装修标准的要求是怎样的？
☐无装修 ☐仅厨厕装修 ☐标准装修 ☐豪华装修 ☐开发商提供装修套餐供选择 ☐其他（标明）

12. 在小区配套设施方面，您认为哪些是必不可少的（多选）？
☐幼儿园 ☐小学 ☐中学 ☐儿童游乐场 ☐百货超市 ☐会所 ☐医疗中心 ☐银行
☐邮政电信 ☐老人康乐中心 ☐停车场 ☐运动场所 ☐宽带网络 ☐其他（标明）

13. 您对楼宇配套设施更为看重的是（限选三项）？
☐VOD视频点播系统 ☐小区局域网 ☐家中遥控系统 ☐直饮水系统 ☐家庭中央空调系统
☐环保采暖系统（无散热器） ☐太阳能热水器系统 ☐其他（标明）

14. 您一般都参加哪些体育活动（多选）？
☐游泳 ☐羽毛球 ☐乒乓球 ☐保龄球 ☐足球 ☐篮球 ☐网球 ☐桌球 ☐射击 ☐溜冰 ☐游泳 ☐垒球
☐其他（标明）

15. 您认为会所应配有哪些设施（多选）？
☐露天咖啡座 ☐雪茄房 ☐便利店 ☐自动洗衣店 ☐桑拿房 ☐棋牌室 ☐多功能活动室 ☐恒温泳池
☐商务中心 ☐卡拉ok房 ☐乒乓球室 ☐美容美发厅 ☐其他（标明）

16. 在小区管理中，除了保安、清洁、维修等常规服务外，您还希望物业管理公司提供哪些服务（多选）？
☐医疗 ☐租房中介 ☐24小时服务 ☐专车接送 ☐家政服务 ☐代订票务 ☐业主活动 ☐其他（标明）

17. 对高档次物业管理，您能接受的管理费每平方米是多少？
☐0.5元以下 ☐0.5～0.8元 ☐0.8～1.0元 ☐1.0～1.2元 ☐1.2～1.5元 ☐1.5～1.8元 ☐1.8～2.0元
☐2.1元以上

18. 在购买住宅时，您对付款方式是否重视？
☐是 ☐否 ☐无所谓 ☐其他（标明）

19. 您在购房时会选择哪种付款方式？
☐银行按揭 ☐一次性付款 ☐建筑期内免息分期付款 ☐其他（标明）

20. （按揭者答）在购房时，考虑到您的支付能力，您会选择的首期付款额度是？
☐首期一成 ☐首期二成 ☐首期三成 ☐其他（标明）

21. 在购房时，哪些促销方式对您的吸引力最大？
☐灵活付款方式 ☐提供一定的折扣 ☐赠送礼品 ☐抽奖活动 ☐其他（标明）

22. 您平时较关注的房地产广告主要是？
☐他人介绍 ☐报纸 ☐杂志 ☐广播 ☐电视 ☐路牌 ☐房展会 ☐互联网 ☐其他（标明）

23. 您倾向于哪种消费观念？
☐追求时尚前卫 ☐注重价格实惠，经常货比三家 ☐性价比 ☐跟随大众化 ☐无所谓 ☐其他（标明）

背景资料

1. 您的性别是？
☐男 ☐女

2. 您的年龄是？
☐25岁以下 ☐25～30岁 ☐30～35岁 ☐35～45岁 ☐45岁以上

3. 您的职位是？

□国家与社会管理人员 □经理 □私营企业主 □专业技术人员 □办事人员 □个人工商户 □商业服务人员
□产业人员 □其他（标明）
4.您的学历是？
□硕士或以上 □本科 □大专 □中专 □中学或以下 □其他（标明）
5.您的婚姻状况是？
□已婚 □未婚
6.您的家庭结构是？
□单身贵族 □二人世界 □三口之家 □四口之家 □其他（标明）
7.您的家庭月收入是多少？
□1500元以下 □1501～2000元 □2001～3000元 □3001～5000元 □5001～8000元 □8000～10000元以上
□10000元以上
8.您的主要交通工具是？
□私家小汽车 □单位用车 □公共汽车 □自行车 □摩托车 □其他（标明）
9.您平时看什么杂志、报纸？
_____
10.您在几点收听广播，什么频道？
_____
11.您平时上互联网吗，您一般在哪里上网，您经常上哪种网站？
_____
12.您经常光顾的百货超市是哪家？
_____
13.您平时到哪里消遣？
_____

调查到此结束，谢谢您的合作！
注：感谢您的支持！此问卷我们仅作为本项调查使用，敬请放心。
郑重承诺：该资料内容在此项调查分析结束后，将不会外传。

调查人员：
调查时间：
调查地点：
受访者的态度：□非常合作 □比较合作 □不太合作 □很不合作

住房消费者调查问卷　　　　　　　　　　　　　　表19

尊敬的先生/女士：
您好！我是××××集团地产研究院的访问员，目前正在进行一项居民住房需求与消费方面的情况调查。现在想就这方面的话题问您几个问题，希望与您建立起彼此之间的信息沟通与联系。您的回答无所谓对错，只要是您真实的想法，都会对我们有很大的帮助。我们将对您的回答严格保密，请不必有任何顾虑。谢谢您！
被访人姓名：_____ 　　地址：_____ 　　电话：_____
访问员保证：我忠实地按照公司要求进行作业，如有欺瞒，愿意赔偿公司损失，并承担此引起的全部责任。
　　　　　　　　　　　　　　　　　　　　　　　　　访问员签名：_____

住户需求调查

1.您现在的住房属于？
□自己所有 □父母所有 □单位所有 □租房 □亲戚朋友借住的房子 □其他（标明）
2.您对现有住房不满意的原因是什么？
□住房太小 □并非自己的房子 □所在社区环境不理想 □离工作单位太远 □生活不方便
□户型结构不合理

Chapter six

实战工具：掌握地产情报必备的实战工具箱

3. 您在购房时最关注的因素是（限选四项）？
□位置 □价格 □交通 □户型 □配套设施 □周边环境 □小区规模及发展趋势 □房屋质量 □物业管理

4. 您在购房时希望选择哪种类型住房？
□普通住宅 □经济适用房 □公寓 □别墅 □二手房

5. 您在购房时希望选择现房还是期房？
□现房 □期房

6. 您比较喜欢哪一类楼型？
□多层楼（6层以下） □高层塔楼（12~30层） □高层板楼（12~30层） □小高层楼（7~9层）

7. 您购房时所接受的价格是？
□1500~2000元/平方米 □2000~2500元/平方米 □2500~3000元/平方米 □3001元/平方米以上

8. 您对户型的要求是怎样的？
□一居室 □两居室 □三居室 □四居室 □复式结构 □跃层结构

9. 您希望选择的面积是？
□50平方米以下 □51~80平方米 □81~100平方米 □101~130平方米 □131~150平方米 □151~180平方米 □181平方米以上

10. 您如果购买小面积房屋，希望房屋是怎样的？
□酒店式公寓 □独立小户型 □带精装修

11. 您购房时希望选择哪种付款方式？
□一次性付款 □分期付款 □银行贷款

12. 您在选择户型时对装修的要求是？
□厨、卫精装修 □全部精装修 □毛坯房

13. 您在购房时希望单独设立哪个房间？
□儿童房 □书房 □佣人房 □家庭办公房

14. 您对阳台的需求是几个？
□一个 □两个 □两个以上

15. 您需要有几个卫生间？
□一个 □两个 □两个以上

16. 您希望小区停车标准为？
□机动车每户至少一个车位 □非机动车不受限制 □无所谓

17. 您计划在今后多长时间内购房？
□半年内 □1年内 □1~2年内 □2~3年内 □3~5年内 □5年以后

投资意向调查

1. 您决定购房的原因是什么？
□用于自住 □用于投资

2. 银行加息后，您的资金将投入到哪里？
□购房 □购车 □股票证券投资 □储蓄 □其他（标明）

3. 您选择购房作为投资方式是因为比较看重房屋哪一方面的价值？
□房屋升值潜力 □房屋的实用性 □房屋的保值功能

4. 作为投资，您在购房时愿意选择哪种付款方式？
□一次性付款 □分期付款 □银行贷款

5. 您认为在市政府区域内购房的前景如何？
□升值潜力很大 □无升值潜力，但不会贬值 □可能贬值

6. 作为投资，您是否愿意在市政府区域内购房？
□非常愿意 □可以考虑 □不考虑

周边环境调查

1. 您在购房时如何看待环境因素？
□首要关注因素 □一般关注因素 □无所谓

2. 您在购房时希望选择的区域位置是哪里?
☐市政府 ☐枫林路 ☐汽车西站 ☐市中心
3. 您希望所居住社区周边环境的类型是?
☐商贸区 ☐文化区 ☐新开发小区 ☐高科技区
4. 如果您在市政府区域内购房,是因为什么?
☐交通方便 ☐离工作地点近 ☐一直住在该区域 ☐价格便宜 ☐周边环境好 ☐地理位置好
5. 如果您不在该区域内购房,是因为什么?
☐地理位置不好 ☐离工作地点远 ☐价格较高 ☐周边环境较差 ☐对该区域不熟悉
6. 您认为市政府区域内周边环境及配套设施怎样?
☐很好 ☐一般 ☐不理想,需要改进 ☐很差
7. 您认为目前河西区域内的商品房是否令人满意?
☐很满意 ☐不满意 ☐一般
8. 您认为目前河西区域内的交通是否令人满意?
☐很满意 ☐尚可 ☐需改进 ☐很不满意

媒介偏好调查

1. 您每月平均花费在购阅报刊上的费用为多少?
☐100元 ☐50~70元 ☐30~50元 ☐15~30元 ☐15元以下
2. 您平均每日用在收听广播及观看电视节目的时间为多久?
☐4个小时 ☐2~3小时 ☐1~2小时 ☐1小时以下
3. 您比较关注的房地产报刊广告媒体是哪一家?
☐长沙晚报 ☐潇湘晨报 ☐三湘都市报 ☐湖南日报
4. 您比较关注的房地产电视广告媒体是哪个频道?
☐湖南经视 ☐湖南卫视 ☐政法频道 ☐新闻频道 ☐都市频道
5. 您比较关注的房地产电台广告媒体是哪个频道?
☐交通频道 ☐音乐频道 ☐星沙之声 ☐湖南文广
6. 您对大中型房地产户外广告牌及宣传横幅敏感度如何?
☐非常注意 ☐不太注意 ☐不注意 ☐反感
7. 你对房地产广告的信任度如何?
☐非常信任 ☐信任但还需进一步了解 ☐不信任
8. 您的购房信息来源主要源于哪里?
☐报纸广告 ☐房展会 ☐杂志广告 ☐电视广告 ☐电台广告 ☐路牌广告 ☐朋友介绍 ☐其他(标明)
9. 您在购房时,针对房地产项目广告,首先关注的是什么?
☐地理位置 ☐社区规模 ☐房屋单价 ☐房屋总价 ☐开发商实力 ☐按揭支持力度 ☐周边人文环境
10. 在购房时,哪些因素影响您的决策?
☐房地产市场的火爆程度 ☐房地产方面的政策动向 ☐房地产专家意见 ☐房地产广告宣传 ☐从众心理
☐家人意见 ☐朋友建议 ☐其他(标明)
11. 您对举办房地产展示交易会这一集中销售模式的看法是什么?
☐认为很好、很有效 ☐认为一般 ☐认为对个人购房影响不大 ☐很讨厌

配套设施需求调查

1. 您平时习惯去哪里购买高档商品?
☐著名大商场 ☐附近商场 ☐专卖店
2. 您平时习惯去哪里购买日用品?
☐著名大商场 ☐附近商场 ☐专卖店 ☐超市
3. 您评价满意的商场的原因是什么?
☐商品品种全 ☐价格便宜 ☐服务态度好 ☐购物方便
4. 您认为社区周围的商场是否已满足您的需求?
☐是 ☐否

Chapter six

实战工具：掌握地产情报必备的实战工具箱

5. 您认为周围应再建何种商业设施？
□大型高档商场　□普通商场　□专卖店　□超市

个人资料

1. 您现在居住的区域是哪里？
□开福　□天心　□芙蓉　□雨花　□岳麓　□高新区　□星沙　□郊区　□外地

2. 您的家庭成员构成是？
□独身　□两口之家　□三口之家　□三口以上

3. 您属于哪个年龄段？
□25岁以下　□25～30岁　□30～40岁　□40～50岁　□51岁以上

4. 您的家庭年收入处在哪个区间？
□2万元以下　□2～4万元　□4～6万元　□6～10万元　□10万元以上

5. 您现在的月均收入是多少？
□1500元以下　□1500～2500元　□2500～3500元　□3500～4500元　□4501元以上

6. 您的工作单位是什么类型？
□企业单位　□事业单位　□国家机关　□外企单位　□私营企业单位　□其他（标明）

7. 您的职业（或职务）为？
□国家机关干部　□一般公务员　□企业中高管理人员　□企业一般职员　□私营企业老板　□教师　□律师
□医生　□个体工商户　□自由职业者　□文体工作者　□其他（标明）

8. 您是否有私家车？
□有　□没有

9. 您的学历是？
□大专以下　□大专　□大学　□硕士　□博士

　　　　　　　　　　——谢谢您接受我们的采访！祝您幸福快乐！

访问员记录部分

1. 受访者的理解程度。
□理解　□一般　□不理解

2. 受访者合作态度。
□合作　□一般　□不合作

3. 受访者性别。
□男　□女

针对养老社区的调查问卷	表20

尊敬的朋友：
　　您好！这是一项主旨为"直面老年服务，提升社区品质"的调研，针对银发一族的生活方式和居住模式，希望能听听您的建议和想法。

基本情况

1. 您曾经或现在的职务是？
□国家机关领导、党群组织领导、企事业单位管理者　□专业技术人员　□商业或服务业人员　□其他（标明）

2. 您目前的居住方式是？
□自己居住　□随子女居住　□其他（标明）

3. 您期望的居住方式是？
□自己居住　□随子女居住　□家庭自雇保姆居住　□去专门的养老社区居住　□其他（标明）

4. 对于同样具备完善养老功能的社区，您更喜欢哪一种？
□全龄化养老社区（以老年人独居、老年人与小辈合居、同楼分居、同区分居等多种住宅产品设计，满足不同年龄段、不同

家庭情况对不同生活方式的选择，构筑0~100岁的全龄化社区）
□纯老年社区（专门用于养老、专业性很强、服务极佳的老年社区，业主基本全部为老年人）
5. 您期望的户型和面积是？
□50~70平方米左右的一居室　□90~110平方米左右的两居室　□120~150平方米的三居室　□其他（标明）
6. 您期望的养老社区应该处于什么样的环境中（可多选）？
□规模大，配套齐全　□拥有良好的内外部景观环境　□远离嘈杂的市区　□良好的人文物业环境　□其他（标明）

细节体现

1. 在养老社区的服务和配套上，请在您认为必要的选项后面打√。
① 专业老年大学　　　　　　　　　　　　　　　　　　　　　　　　　　　　　　　（　）
② 老年俱乐部　　　　　　　　　　　　　　　　　　　　　　　　　　　　　　　　（　）
③ 老年活动室　　　　　　　　　　　　　　　　　　　　　　　　　　　　　　　　（　）
④ 老年茶室　　　　　　　　　　　　　　　　　　　　　　　　　　　　　　　　　（　）
⑤ 家庭敬老室　　　　　　　　　　　　　　　　　　　　　　　　　　　　　　　　（　）
⑥ 社区医疗中心　　　　　　　　　　　　　　　　　　　　　　　　　　　　　　　（　）
⑦ 老年法律咨询室　　　　　　　　　　　　　　　　　　　　　　　　　　　　　　（　）
⑧ 老年互助服务社　　　　　　　　　　　　　　　　　　　　　　　　　　　　　　（　）
⑨ 老年医疗培训讲座室　　　　　　　　　　　　　　　　　　　　　　　　　　　　（　）
⑩ 老年食堂　　　　　　　　　　　　　　　　　　　　　　　　　　　　　　　　　（　）
　老年浴室　　　　　　　　　　　　　　　　　　　　　　　　　　　　　　　　　（　）
　安老服务机构　　　　　　　　　　　　　　　　　　　　　　　　　　　　　　　（　）
除以上外，您认为还应考虑（标明）
2. 在养老社区的规划设计上，请在您认为必要的选项后面打√。
① 减少台阶，增加坡道设计，实现无障碍社区　　　　　　　　　　　　　　　　　　（　）
② 园区增设紧急呼叫按钮　　　　　　　　　　　　　　　　　　　　　　　　　　　（　）
③ 在公共设施和主要景观节点设置扶手，防止摔倒　　　　　　　　　　　　　　　　（　）
④ 社区道路设计实现防滑处理　　　　　　　　　　　　　　　　　　　　　　　　　（　）
⑤ 提供各种室外健身场所　　　　　　　　　　　　　　　　　　　　　　　　　　　（　）
⑥ 实现无死角园区智能化监控设计　　　　　　　　　　　　　　　　　　　　　　　（　）
除以上外，您认为还应考虑（标明）
3. 在养老社区的建筑设计部分，请在您认为必要的选项后面打√。
① 住宅入口面积增大，保证地面平坦，便于轮椅通过　　　　　　　　　　　　　　　（　）
② 楼体全部安装电梯，电梯按照医用电梯标准设计　　　　　　　　　　　　　　　　（　）
③ 在老人经过处（楼道、电梯厅、卫生间、卧室等），预留安装扶手，以免滑倒伤人　（　）
④ 室内外开关、门铃、门窗等设施的位置适当降低　　　　　　　　　　　　　　　　（　）
⑤ 卫生间靠近卧室，并设长明灯　　　　　　　　　　　　　　　　　　　　　　　　（　）
⑥ 厨房、卫生间面积要适当增大，便于使用坐凳和轮椅　　　　　　　　　　　　　　（　）
⑦ 房间地面和浴池底部都应防滑，浴池、厕所、楼梯及走廊两侧设计扶手，改变方向和高度的地方应用明显色彩
　　　　　　　　　　　　　　　　　　　　　　　　　　　　　　　　　　　　　　（　）
⑧ 针对老人视力下降，适当提高照明亮度　　　　　　　　　　　　　　　　　　　　（　）
⑨ 针对老人听力下降，适当提高报警等铃声分贝　　　　　　　　　　　　　　　　　（　）
⑩ 老人温度低于常人，采暖考虑适当提高温度　　　　　　　　　　　　　　　　　　（　）
　洗涤台、洗面台设置凹进，以便老人可坐下操作　　　　　　　　　　　　　　　　（　）
　各种设施的文字说明加大，便于识别　　　　　　　　　　　　　　　　　　　　　（　）
　每套配备保姆房间　　　　　　　　　　　　　　　　　　　　　　　　　　　　　（　）
　室内除厨房外，安装紧急呼叫装置　　　　　　　　　　　　　　　　　　　　　　（　）
　每户床头设置供氧系统　　　　　　　　　　　　　　　　　　　　　　　　　　　（　）

Chapter six

实战工具：掌握地产情报必备的实战工具箱

主卧床头设计触摸系统、跌摔床下感应系统　　　　　　　　　　　　　　　　　（　）
可视对讲、连接小区物业的内部电话　　　　　　　　　　　　　　　　　　　　（　）
除以上外，您认为还应考虑（标明）
4. 您对养老社区还有没有其他建议或期望？
_____
_____

最后，感谢您对我们工作的支持，祝您身体健康，万事如意！

酒店式公寓推广调查问卷　　　　　　　　　　　　　　表21

问卷背景：××××（楼盘情况、公司情况等）特制以下问卷调查表，请您在百忙之中抽出一点时间，为我们提供宝贵的意见和建议，谢谢您的合作！

调查对象背景资料

1. 您的年龄是？
□25岁以下　□26～30岁　□31～35岁　□36～45岁　□46～55岁　□55岁以上
2. 您的性别是？
□男　□女
3. 您的学历是？
□博士　□硕士　□大学本科　□大专　□中等职业教育　□高中或高中以下
4. 您单位类型是？
□内资企业　□外资企业　□中外合资企业　□其他（标明）
5. 您所属单位的规模有多大？
□0～499平方米　□500～999平方米　□1000～1499平方米　□1499～1999平方米　□2000平方米以上
6. 您单位所属行业是？
□制造业　□外贸、批发、零售业　□农业　□商业咨询业　□银行、金融保险业　□能源业　□电信服务业　□信息系统、互联网服务　□交通运输　□饭店旅游　□建筑业　□采掘业　□法律、会计　□多元化企业　□科教文组织　□政府机构　□其他（标明）
7. 您的职位是？
□决策人员（董事长、CEO、总裁）　□高级管理（区域经理、部门经理）　□基层管理（部门主管、项目管理者）　□普通员工　□其他（标明）
8. 您的家庭年收入（人民币计算）是多少？
□4万元以下　□4～10万元　□10～20万元　□20～50万元　□50～100万元　□100万元以上
9. 请估算您个人的年收入（人民币计算）是多少？
□4万元以下　□4～10万元　□10～20万元　□20～50万元　□50～100万元　□100万元以上
10. 您是否负责规划、设计家庭收入的使用计划？
□是　□否
11. 您现居住地在哪？
□松江本区　□上海地区　□外省市　□港澳台地区　□除中国以外地区
12. 您上班的交通工具是？
□汽车　□电动车　□单位接送　□公共汽车　□其他（标明）
13. 您是否有本地户口？
□是　□否

调查公寓信息

1. 请列举您最了解的3个酒店式公寓。
①_____；②_____；③_____。
2. 您是否已经购买或者租赁酒店式公寓？

第二节　地产竞争情报专题类表格

☐是　☐否
——如果否,请问您是否有打算在未来1年内投资购买酒店式公寓?
☐是　☐否
3. 您是通过什么渠道了解酒店式公寓的市场信息的(可多选)?
☐平面媒体广告　☐电视媒体广告　☐网络媒体广告　☐熟人推荐　☐房产销售员　☐大型展会　☐其他（标明）
4. 您购买或者打算购买酒店式公寓的主要目的是?
☐投资房产　☐长期居住　☐临时度假　☐出租　☐其他（标明）
5. 如果您曾租赁过酒店式公寓,那么您最长的租用时间是?
☐一周　☐两周　☐一月　☐三月　☐半年　☐半年以上
6. 您租用酒店式公寓是为了做什么?
☐长期出差　☐旅游　☐回老家,但家里住房紧张　☐喜欢酒店式公寓的私密性和随意性
☐找个离上班地点近的地方住　☐设施齐全能直接入住
7. 选择酒店式公寓的时,您认为开发商声誉对您的决策有多大影响?
☐1%～15%　☐16%～30%　☐31%～45%　☐46%～60%　☐60%以上
8. 选择酒店式公寓的时,您认为物业管理的质量对您的决策有多大影响?
☐1%～15%　☐16%～30%　☐31%～45%　☐46%～60%　☐60%以上
9. 在下列的酒店式公寓服务中,您认为最重要的是 (请选择3项) ?
☐客房服务　☐洗衣或者洗衣房　☐24小时抢修　☐商务服务　☐房内送餐　☐邮件收发　☐报刊订阅
☐礼品递送　☐代购物品　☐代交公用事业费　☐订票　☐叫车　☐洗碗服务　☐清洗玻璃窗　☐其他(标明)
10. 在下列的酒店式公寓内部设施中,您认为最重要的是 (请选择3项) ?
☐游泳池　☐网球场　☐会所　☐酒吧　☐桑拿　☐健身中心　☐保安系统　☐运动场地　☐Internet接入
☐卫星电视频道　☐其他（标明）
11. 在下列的酒店式公寓附近城市设施中,您认为最重要的是 (请选择3项)?
☐网吧　☐儿童乐园　☐绿地　☐24小时便利店　☐超级市场　☐商业街　☐城市景观　☐高档写字楼群
☐银行设施　☐医疗机构　☐交通中转中心　☐其他（标明）
12. 您对现在酒店式公寓的开发商是否满意?
☐非常满意　☐满意　☐一般　☐不满意　☐非常不满意
——请列出您不满意的原因:
☐面积误差过大　☐房型与预期不符　☐延期交付　☐房屋质量问题　☐配套设施不到位　☐广告不真实
☐其他（标明）
13. 对现在酒店式公寓的物业管理,您是否满意?
☐非常满意　☐满意　☐一般　☐不满意　☐非常不满意
——请列出您不满意的原因:
☐服务态度太差　☐经常找不到管理员　☐限制租户的自由　☐管理费用过高　☐其他（标明）
14. 如果您想租住或购买酒店式公寓,您需要的户型面积是多少平方米(可单人或多人合住)?
☐30平方米以下　☐30～50平方米　☐50～80平方米　☐80～100平方米　☐100～140平方米
☐140～180平方米　☐180平方米以上
15. 您对房屋的装修及配套设施的要求?
☐全毛坯（不作任何装修）　☐全套普通装修　☐全套豪华装修　☐厨卫高档装修,其他毛坯
☐完全装修并送家具、电器　☐开发商提供多种装修套餐供买家选择　☐其他（标明）
16. 如果您考虑租住酒店式公寓,您能承受的月租金是多少元(按套计算)?
☐800元　☐800～1000元　☐1000～1200元　☐1200～1500元　☐1500～2000元　☐2000～2500元
☐2500～3000元　☐3000～4000元　☐4000～5000元　☐5000～6000元
17. 如果您考虑购买酒店式公寓,您能承受的单价为每平方米多少元?
☐3000～4000元　☐4000～5000元　☐5000～6000元　☐6000元以上
18. 如果您考虑购买新住房,您能承受的总价为?
☐10万～15万元　☐16万～20万元　☐20万～25万元　☐26万～30万元　☐31万～40万元　☐40万～60万元

Chapter six

实战工具：掌握地产情报必备的实战工具箱

☐60万元以上

19. 您偏向于哪一种付款方式？
☐一次性付款　　☐银行按揭付款　　☐分期付款

20. 首期付款您能够承受的最高价钱是多少？
☐6万~8万元　☐8万~10万元　☐10万~12万元　☐12万~14万元　☐14万~16万元　☐16万~18万元
☐18万~20万元　☐20万以上

21. 如果选择了银行按揭，每个月您能够承受多高的月供款？
☐801~1100元　☐1101~1400元　☐1401~1700元　☐1701~2000元　☐2001~2300元　☐2301~2600元
☐2601~3000元　☐3000元以上

22. 您还有什么其他个人要求？
_____
_____

23. 如果让您再次选择，您是否会继续购买或者租赁酒店式公寓？
☐是，当然了　　☐说不清，要看市场情况　　☐否，绝对不买了

写字楼调查问卷　　　　　　　　　　　　　　　　　　　　　　　　　　表22

1. 贵公司的性质？
☐政府机构　☐国有企业　☐股份公司　☐私营企业　☐外资企业　☐个体工商户　☐其他

2. 贵公司从事的行业？
☐服装、皮具　☐化妆品、饰品　☐电子、家具　☐建筑、装修　☐法律、会计　☐金融、外贸　☐服务、咨询
☐广告、印刷　☐其他（标明）

3. 您会选择哪种形态的写字楼？
☐纯写字楼　☐商务、商业结合型写字楼　☐商住型写字楼

4. 您认为写字楼配置必须包含哪些基本方面？
☐足够的停车位　☐多功能会议室　☐商务、票务中心　☐24小时办公

5. 您需求的写字楼面积是多大？
☐40平方米　☐40~80平方米　☐80~120平方米　☐120~160平方米　☐160~200平方米　☐200~240平方米
☐240~280平方米　☐280平方米以上

6. 您对写字楼装修有何要求？
外立面部分：☐古典型　☐简约现代型　☐玻璃幕墙型
公共部分：☐豪华型　☐简约现代型
室内部分：☐毛坯　☐精装修

7. 您可以承受的最高租金价格是多少？
☐40元/平方米　☐40~45元/平方米　☐45~50元/平方米　☐50~55元/平方米　☐55~60元/平方米
☐60~65元/平方米　☐65~70元/平方米　☐70元/平方米以上

8. 您可以承受的最高物业管理费价格？
☐2~3元/平方米　☐3~5元/平方米　☐5元/平方米以上

9. 若在三元里大道与机场路交界，靠近新市（广百电器附近），有一栋符合您需求等级的写字楼出租，您会否选择？
☐会　☐不会　☐可以考虑

10. 您选择租赁的原因是什么？
☐距离市中心或商业贸易区不远　☐交通便利　☐周边环境好　☐周边餐饮、娱乐配套好　☐其他（标明）

11. 您不会选择租赁的原因是什么？
☐距离市中心或商业贸易区远　☐交通不够便利　☐周边环境差　☐周边餐饮、娱乐配套少　☐其他（标明）

客户资料

客户姓名：_____　　联系电话：_____
性别：☐男　☐女

年龄：□20~30岁　□30~40岁　□40~50岁　□50~60岁　□60岁以上
客户现在居住区域：_____省_____市_____区_____路
客户现在工作区域：_____省_____市_____区_____路

商业用房调查问卷　　　　　　　　　　　　　　　　　　　　　表23

1. 请问您逛街购物或从事消费性娱乐时（如电影、唱KTV等），可接受的最长车程时间是？
□20分钟内　□21~40分钟　□41~60分钟　□60分钟以上
2. 请问您逛街购物或从事消费性娱乐的交通工具通常是什么？
□自用小客车　□机车　□公车　□出租车　□自行车　□徒步　□其他（标明）
3. 请问您平均一月消费几次？
□2次及以下　□3~5次　□6~10次　□10次以上
4. 请问下列哪些是您选择逛街购物地点的考虑因素？
□专卖气氛　□交通便利性　□停车方便性　□商品种类　□流行商品种类　□折扣促销活动　□其他（标明）
5. 除了居住附近以外，您假日最常去逛街或购物的地方？
□××附近　□××附近　□##附近　□其他（标明）
6. 您的职业是？
□公务员　□商业从业人员（含营业员）　□工业从业人员　□自由业　□自营业者、学生　□家庭管理
□其他（标明）
7. 您的居住地区在哪里？
□×××××　□××××××　□×××××××××　□其他（标明）
8. 您的休闲活动有哪些？

请问您经常从事哪些休闲活动？（可复选，访员依受访者回答情形，追问题在8—1）	8-1 请问您通常利用什么时间做休闲活动？			
	平日白天	平日晚上	周末及节假日白天	周末及节假日晚上
A.看电影、MTV	□	□	□	□
B.逛书店	□	□	□	□
C.看文艺展览及活动	□	□	□	□
D.餐饮	□	□	□	□
E.钓鱼	□	□	□	□
F.Club	□	□	□	□
G.阅读书报杂志	□	□	□	□
H.玩电脑、上网	□	□	□	□
I.听音乐	□	□	□	□
J.唱KTV	□	□	□	□

9. 请问您平常最常去的商店或其他场所有哪些？

A. 百货公司	E. 餐饮快餐类
B. 电影院	□中式餐厅　□西式餐厅
C. 娱乐场所	□日式餐厅　□快餐店
□KTV	□其他（标明）
□电动游戏场	F. 其他餐饮食品类
□保龄球馆	□饭店　□南北小吃
□其他（标明）	□西点、面包店　□水果行
D. 综合型量贩店	□咖啡、泡沫红茶、茶艺店、饮料专卖店

Chapter six

实战工具：掌握地产情报必备的实战工具箱

□休闲食品专卖店 □其他（标明） G. 衣饰类 □服饰店 □袜帕杂店 □化妆品专卖店 □饰品、珠宝店 □鞋店 □皮件 □其他（标明） H. 文教类 □体育用品专卖店 □书局、文具、玩具专卖店 □文化、艺术展览馆、专卖店 □补习班 □集邮、古玩店 □其他（标明） I. 其他休闲类 □漫画小说出租店 □录像带出租店 □其他（标明） J. 电子电器类 □视听产品、唱片行　□摄影器材 □信息产品专卖店　□家电用品 □通讯器材 □其他（标明）	K. 卫生医疗类 □药局、医疗器材 □医院、诊所、兽医院 □美容院、发廊、美容用品店 □瘦身中心 □按摩 □其他（标明） L. 家具装潢类 □家具　　□寝饰 □灯饰　　□建材 □厨具　　□装潢设计 □水电行 □其他（标明） M. 服务类 □旅游咨询 □照片冲印店 □专业服务（如律师、会计师事务所等） □个人服务（如擦鞋、复印等） □花店 □家庭服务（清洁公司、托婴中心ïï） □快递公司 □银行、邮局 □证券公司 □投资顾问公司 □汽车销售、保养公司 □房屋中介公司 □其他（标明）

10. 请问您对××××社区商业有何看法与建议？

相关情报

情报观点

情报行为就是人们为了减少或消除当前决策的不确定性而获取信息的行为。

情报运用

情报需求和一般意义上的信息需求不同,是基于人类基本需要之上的一种特定的社会需要,也就是因为决策不确定性的增加、决策信息环境的变化而产生的优化决策者行为的需求。

超级链接

要想了解更多房地产前沿资讯,获得更多项目管理信息,那么就赶快配置一把财富金钥匙。
网址:dichan.sina.com.cn   邮箱:winfangbook@winfang.com   电话:020-61073242

网络环境下图书情报的潜在需求分析

1. 什么是潜在情报需求

人类的任何行为过程都包括需要、动机、行为和目标4个要素,行为受动机支配,而动机则是由需要引起的。需要指的是个体感到缺乏某种东西的状态,或者说是个体对某种目标的渴望或欲求,而人的需要是多种多样的,心理学将之分为生物性需要和社会性需要。生物性需要是先天性的,例如生理、安全需要等,与我们所要讨论的情报需求不发生直接的联系,社会性需要是后天习得的,与人的社会生活、工作相联系的需要,在工作、学习过程中不断产生,受个体所生活的环境影响。严怡民先生将之分为4类:好奇心和猎奇心的心理需要;尊重和自我实现的需要;娱乐、休息的需要;决策的需要。正是这些需要将人类的各种行为区别开来,情报行为就是人们为了减少或消除当前决策的不确定性而获取信息的行为。因此本文所涉及的情报需求和一般意义上的信息需求不同,是基于人类基本需要之上的一种特定的社会需要,也就是因为决策不确定性的增加、决策信息环境的变化而产生的优化决策者行为的需求。

Chapter six
实战工具：掌握地产情报必备的实战工具箱

情报学家科亨曾经把情报用户的情报需求状态划分为3个层次结构：第一个层次是用户的"需求状态"，即客观存在着的情报需求状态，不以用户的主观认识为转移，由用户的工作、环境、知识、能力等客观条件决定；第二个层次是"需求的认识和唤起状态"，包括用户自己认识到的情报需求和被外界激发而唤起的情报需求，不包含未被认识和发现的情报需求；第三个层次是"需求的表达状态"，即通过用户活动与交流，用户认识的情报需求得以表达的状态。用户情报需求的认识和表达状态除了受用户心理状态、认识状态和素质等因素影响外，还受到客观因素影响，在一定时期里只有一部分情报得以表达。因此情报需求根据是否被认识到、是否被表达出来，就有了现实情报需求和潜在情报需求之分。

（1）现实情报需求

情报用户指的是在科研、技术、生产、管理及其他各种活动中需要利用情报服务的个体或团体，可分为当前用户和潜在用户。那些意识到了自身的情报需求并利用情报服务系统的用户就是当前用户，当前用户准确表达出来的情报需求则称为现实情报需求，因该需求不属于本文讨论范围，故略去。

（2）潜在情报需求

关于这个问题在我国还没有形成统一的、明确的认识。比如刘磊发表在1997年第8期《图书情报工作》上的"用户情报状态与对策研究"一文将情报需求状态分为10种类型。他指出潜在情报需求状况之一是"用户需要某种情报产品，而情报机构暂时无理想的情报产品可提供"，但这种仅因为情报机构不能为用户提供满意的情报服务，就认为用户的需求是潜在情报需求的说法不够准确，判断是否是潜在情报需求不应以其是否得到满足为标准，如果用户准确表达其需求，就算情报机构不能提供服务也应认为是现实情报需求。他又指出另一种情报需求状态，即"用户的情报提问与其情报需求不相吻合"的模糊情报需求，我认为这种用户不能准确表达出的情报需求应该是潜在情报需求。还有一种无情报需求状态也应作为潜在情报需求。严怡民主编的《情报学概论》认为"潜在用户未表达出来的需求，统称为潜在需求"。后又在其修订版中说："我们常将当前用户未表达出的情报需求及其未意识到的情报需求、潜在用户的真实情报需求统称为潜在需求"。可见，无论是潜在用户还是当前用户都有潜在情报需求，这种需求既包括了用户意识到的部分，又包括用户潜意识里的需求。因此，我认为潜在情报需求包括当前用户没表达出来的真实情报需求和潜在用户的情报需求。

2. 网络环境下潜在情报需求形成的原因

因特网的迅速兴起、网络信息资源的飞速增长，使用户存取和利用网络信息的需求与日俱增。因此，网络环境下潜在情报需求大量存在，并且其原因是多方面的、复杂的，本文仅从网络资源客观因素和情报用户因素两个方面进行论述。

（1）网络资源客观因素

① 信息资源分布的不均衡性和信息获取的困难性

长期以来，情报用户都是通过情报服务机构的文献检索和传递式服务满足其需求的。然而，随着网络信息环境的形成，不同国家、地区、行业、人群之间由于对信息、网络技术应用程度不同及创新能力差别导致"数字鸿沟"出现，形成了一大批无法使用网络资源的潜在用户。同时，尽管网络基础设施不断完善，因特网用户数量激增，却没有保证社会成员享有均等的机会使用网络，不少过去使用传统信息服务的用户在因特网面前也退居到了潜在用户行列。网络情报源大量存在且不为用户知晓，很多专业情报网尤其是科技情报网站的网址并不为相关用户所知，在很大程度上导致了潜在情报需求的形成。

② 网络信息资源价值的不确定性

网上丰富的信息资源能更好地满足情报用户的需求，但是由于网络信息数量的庞大和信息的开放性、无序性，情报用户被信息"淹没"，没有时间和精力去处理、判断、利用所需信息，获得信息变得犹如"大海捞针"；网络是一个无中心、无主管的分散型互联结构，因此信息激增的同时也出现了信息污染，如不负责任的或者毫无根据的评论、数据、黑客攻击、色情信息、暴力信息、垃圾邮件等都给用户造成大量干扰。对网络信息资源价值的判断直接影响了需求的认识和唤起状态。

③ 网络信息资源的语种多为英语

未来学家约翰·奈斯比特在《2000年大趋势》中写道："英语正成为全球性语言，信息时代的语言是英语。全世界57%的出版物是用英语出版的"。英语作为地理分布最广、传播范围最大的世界性媒体语言和科学技术先导语言的地位日益突出，尤其是在计算机、通信技术和科学研究领域中。目前，网上信息资源多数是英语，对大多数不懂英语的用户来说，要想在网上漫游是极其困难的；还有一部分不太精通英语的情报用户不能准确表达自己的需求也导致了潜在情报需求的出现。

④ 信息技术的复杂性

互联网是信息技术集大成的产物。新的信息技术的出现为信息交流提供了极大的便利，帮助人类在较大程度上改善了信息交流的环境和手段，提高了信息交流效率。但是信息技术的复杂性和日新月异的发展速度对许多科学工作者来说形成了新的信息交流障碍，许多情报用户面对复杂的网络技术而"退避三舍"。

（2）情报用户本身的因素

① 用户网络意识差而不愿利用网络信息资源

网络意识是指情报用户面对大量的网络信息能否自觉、主动地去收集并加以利用。大量的用户观念还停留在传统的信息服务方式上，部分用户对网络抱着"敌对"的态度，他们宁可手工检索文献也不愿上网。不少用户调查都表明，许多用户对网络资源和网络检索技巧一无所知，认为上网就是聊天打游戏而已。也就是说，其网络意识大体都处于非自觉状态，不能主动积极利用网络信息资源服务系统，在很大程度上抑制了社会的情报需求，造成大量潜在情报需求的存在。

② 因情报能力低而不能利用

情报需求是以用户一定的知识积累为前提的，用户的职业及其工作单位的类型和用户所从事的具体工作的性质决定了情报用户信息需求的内容、性质和变化趋势。用户的网络使用能力、情报需求表达能力和直接查找技术都将影响用户的情报获取能力。面对网络,大量的用户不能准确地表达自己的需求,不能正确地分析处理大量的检索结果,导致其需求无法获得满足。

③ 因网络"错觉"而不愿利用

由于社会历史、经济、文化传统及技术发展水平等因素的影响,过去人们关于情报和情报事业的感知对人们感知现代情报事业所产生的消极影响导致了用户意识差,产生了情报错觉。人们利用网络和网络资源的经验也会导致人们产生网络错觉。有的因为某次利用某个数据库没有满足自己的需求,就对网络信息资源不信任;有的用户偏好传统信息源,从而主观上认为网络资源不能满足自己的需求而不愿利用;有的用户凭经验或他人的介绍而不愿上网。因此,由于对网络资源存有"偏见",迄今还有大量的用户没有上网,成为潜在用户组成者。即使那一小部分上网用户的情报需求也是无意识的,或者意识到了这种需求,但并不愿利用网络来解决,造成网络信息资源得不到充分利用,抑制了社会情报需求的产生。

④ 因经济能力有限而不能利用

前苏联情报学家帕尔凯维奇指出:"人们的情报需求的增长,大约与一个国家国民收入的平方成正比。"由于目前生产力低,人民生活水平不高,综合国力不强导致用户支付情报费用的能力不够,自然制约了情报需求。一些网络用户调查结果表明:用户使用因特网的主要障碍是网络传输速度太慢和价格偏高及中文资料不全。同时,网速过慢无形中又增加支出,大量的用户只得退出因特网或者尽量少上网,面对大量的网络资源,也只能"望网兴叹"了。

3. 网络环境下潜在情报需求呈现出的四个新特点

(1) 隐蔽性

传统模式下的情报服务机构一般都有其固定的服务对象,并且对这些服务对象的知识水平、科研课题、情报需求都有一定的了解,能够比较好地帮助用户表达其需求。然而在网络环境下,网络用户并不与情报服务机构直接面对,而是利用网络技术,通过互联网提出咨询。网络利用技术能力和网络检索能力的差异往往导致网络用户的需求不能正确表达。虽然服务机构可以对网络用户利用网络的有关线索踪迹信息进行分析处理,发现其阅读兴趣、研究动向等,但用户上网的随意性使其分析结果的科学性大打折扣,网络用户的潜在情报需求更为隐蔽,服务机构的工作更加困难。

(2) 广泛性

图书情报服务部门传统的用户服务主要是满足部门用户的信息需求,而因特网是一个完全开放的网络,它为所有人提供服务。我国"政府上网工程"、"企业上网工程"和"家庭上网工程"的启动,使用户的信息需求更加复杂多样,所涉及内容相当广泛。用户因年龄、学历、职业、专业不同,获取信息的途径不同,所需情报的内容也不同。因此,潜在情报需求在内容上表现为决策信息、参考性信息、服务信息等。

（3）变化性

过去，用户一般通过情报机构或者自己直接查阅有关书籍、资料来满足情报需求，在某一段时间内，用户需求的信息源是相对稳定的。但是在网络环境下，由于网络信息资源具有动态性，其信息地址、链接方式、内容都处于动态变化之中。网络用户面对复杂多变的信息源其需求也处于不断发展变化中，同时对需求的认识和表达更为困难。

（4）微观性

在过去很长一段时间内，图书情报服务的主流是资源依赖性工作，文献检索与传递服务是满足用户需求的关键性服务方式，主要为用户提供包含信息的文献或信息源。随着网络环境的形成，用户已不满足简单地得到文献，其需求已从文献需求转向知识需求，不仅需要概括性的、叙述性的情报信息，而且更需要大量详尽的专指性很强的信息，比如对信息的需求可以精确到某一公式、某一数据、某一价格等特定细小信息。也就是说，潜在需求的内容呈现微观化趋势。

4. 网络环境下潜在情报需求的转化

在新环境下，有许多用户因各种主客观条件没有成为网络用户而导致大量潜在情报需求存在，同时当前网络用户也存在着潜在情报需求，因此应积极采取措施，创造条件诱发潜在情报需求，促使其转化为现实情报需求。

（1）网络环境下潜在情报需求转化的可能性

分析情报行为过程我们可以得知：用户的情报需求在情报查找行为之初，常常是模糊的，而且不容易清晰表达，通过对查找到的情报的相关性或适合性进行判断，用户逐渐明确其需求，最终得到满意的情报。因此，潜在情报需求是现实情报需求的萌芽状态，是情报需求的初级阶段，任何现实情报需求都是由这一阶段发展而来的。

在网络环境下，情报需求的总构成中也包含着现实情报需求和潜在情报需求，两者的关系没有变化。潜在需求是为了弥补现实情报需求的不足而存在的，它可以更好地实现情报需求的目标。由于潜在情报需求在新环境下呈现出了不同以往的新特点，从某种意义说，这更有利于我们改变其所处的环境，消除各方面的障碍，促使其转化。因此，从理论上讲，转化是可行的，这种转化只是改变了潜在情报需求的外部条件，使已经存在的需求准确表达出来，而不是创造了新的需求。

（2）网络环境下潜在情报需求转化模式

① 宏观层面的模式

处于这个层面的政府部门和公共团体是社会最大的信息生产者和消费者，应该利用政府的宏观调控能力，从政策、技术、资金上对信息资源建设予以大力扶持，消除潜在情报需求存在的客观社会条件。

Chapter six
实战工具：掌握地产情报必备的实战工具箱

A.大力加强基础设施建设；
B.统筹规划、整体协调信息资源建设；
C.加强相关政策与法规建设。

② 中观层面的模式

处于这个层面的主要是传统的图书情报服务机构和新兴的信息服务及咨询机构（在此统称为情报机构）。情报机构可以利用中观层面所提供的各种条件实现其存在的社会价值，促进知识传播和知识创新，满足社会的情报需求，促使潜在情报需求的转化。

A.开展用户教育和培训，提高用户利用网络资源的情报意识和情报能力；
B.网络环境下信息服务机构应积极拓展其服务。

③ 微观层面

从信息使用角度而言，微观层面就是情报用户，主要包括个人和团体用户。情报需求的提出是以一定的知识积累为前提的，其接受能力也受其知识水平限制，并不是所有的用户都明确自己的需求，更不是所有的用户都能正确表达出自己的具体需求，情报用户本身的知识结构及信息素养都是潜在情报需求存在的重要原因。

欢迎 加入地产书友会

购买本书，填写回执

您将得到想象不到的

尊敬的读者朋友：

您好！欢迎您购买克而瑞（中国）信息技术有限公司图书策划中心地产专业图书——《地产高管情报分析兵法》。

您的批评指正是我们提高图书质量，更好满足您购书需求的最大动力。

购买本书，填写回执，可立即获得"50个策划报告经典范本"。

获取步骤：

1. 在回执单上写清个人资料；
2. 传真回执单到 020-61073204；
3. 客服人员会根据您的邮箱地址把资料的获取途径发到您的邮箱；
4. 购书客服咨询电话：020-38698916。

为保证会刊与资料准确寄达，请填写您的真实个人资料：

姓　　名		电话		手机		E-mail	
工作单位				部门		职位	
联系地址				邮编			

为更好地满足您的需求，请填写以下资料：

1. 您获得本书的途径：（请在方格符里打"√"，可多选）

   □书店　□直销　□网站　□信函　□邮件　□传真　□朋友推荐　□其他 _____

2. 您现在最需要关于地产哪些方面的图书：（请在方格符里打"√"，可多选）

   □住宅项目策划　□商业项目策划　□项目规划设计　□企业经营管理
   □精装修　□项目景观设计　□工程管理　□营销与销售
   □地产广告　□低成本运营　□时空环境学　□公司品牌推广
   □户型设计　□商业项目设计　□房地产投融资　□其他 _____

   您发现市面上有哪些好的房地产类图书：_____

3. 您对本书不满意的地方：

   □封面设计　□版式设计　□内容　□印刷质量　□定价　□其他 _____

4. 您对决策资源图书质量有何改进意见？

   _____
   _____

获取更多克而瑞（中国）信息技术有限公司图书策划中心地产图书信息请登陆

Http://book.dichan.com

尊敬的读者：

感谢您选购我社图书！建工版图书按图书销售分类在卖场上架，共设22个一级分类及43个二级分类，根据图书销售分类选购建筑类图书会节省您的大量时间。现将建工版图书销售分类及与我社联系方式介绍给您，欢迎随时与我们联系。

★ 建工版图书销售分类表（详见下表）。

★ 欢迎登陆中国建筑工业出版社网站www.cabp.com.cn，本网站为您提供建工版图书信息查询、网上留言、购书服务，并邀请您加入网上读者俱乐部。

★ 中国建筑工业出版社总编室　电　话：010—58934845
　　　　　　　　　　　　　　　传　真：010—68321361

★ 中国建筑工业出版社发行部　电　话：010—58933865
　　　　　　　　　　　　　　　传　真：010—68325420
　　　　　　　　　　　　　　　E-mail：hbw@cabp.com.cn

建工版图书销售分类表

一级分类名称（代码）	二级分类名称（代码）	一级分类名称（代码）	二级分类名称（代码）
建筑学（A）	建筑历史与理论（A10）	园林景观（G）	园林史与园林景观理论（G10）
	建筑设计（A20）		园林景观规划与设计（G20）
	建筑技术（A30）		环境艺术设计（G30）
	建筑表现·建筑制图（A40）		园林景观施工（G40）
	建筑艺术（A50）		园林植物与应用（G50）
建筑设备·建筑材料（F）	暖通空调（F10）	城乡建设·市政工程·环境工程（B）	城镇与乡（村）建设（B10）
	建筑给水排水（F20）		道路桥梁工程（B20）
	建筑电气与建筑智能化技术（F30）		市政给水排水工程（B30）
	建筑节能·建筑防火（F40）		市政供热、供燃气工程（B40）
	建筑材料（F50）		环境工程（B50）
城市规划·城市设计（P）	城市史与城市规划理论（P10）	建筑结构与岩土工程（S）	建筑结构（S10）
	城市规划与城市设计（P20）		岩土工程（S20）
室内设计·装饰装修（D）	室内设计与表现（D10）	建筑施工·设备安装技术（C）	施工技术（C10）
	家具与装饰（D20）		设备安装技术（C20）
	装修材料与施工（D30）		工程质量与安全（C30）
建筑工程经济与管理（M）	施工管理（M10）	房地产开发管理（E）	房地产开发与经营（E10）
	工程管理（M20）		物业管理（E20）
	工程监理（M30）	辞典·连续出版物（Z）	辞典（Z10）
	工程经济与造价（M40）		连续出版物（Z20）
艺术·设计（K）	艺术（K10）	旅游·其他（Q）	旅游（Q10）
	工业设计（K20）		其他（Q20）
	平面设计（K30）	土木建筑计算机应用系列（J）	
执业资格考试用书（R）		法律法规与标准规范单行本（T）	
高校教材（V）		法律法规与标准规范汇编/大全（U）	
高职高专教材（X）		培训教材（Y）	
中职中专教材（W）		电子出版物（H）	

注：建工版图书销售分类已标注于图书封底。